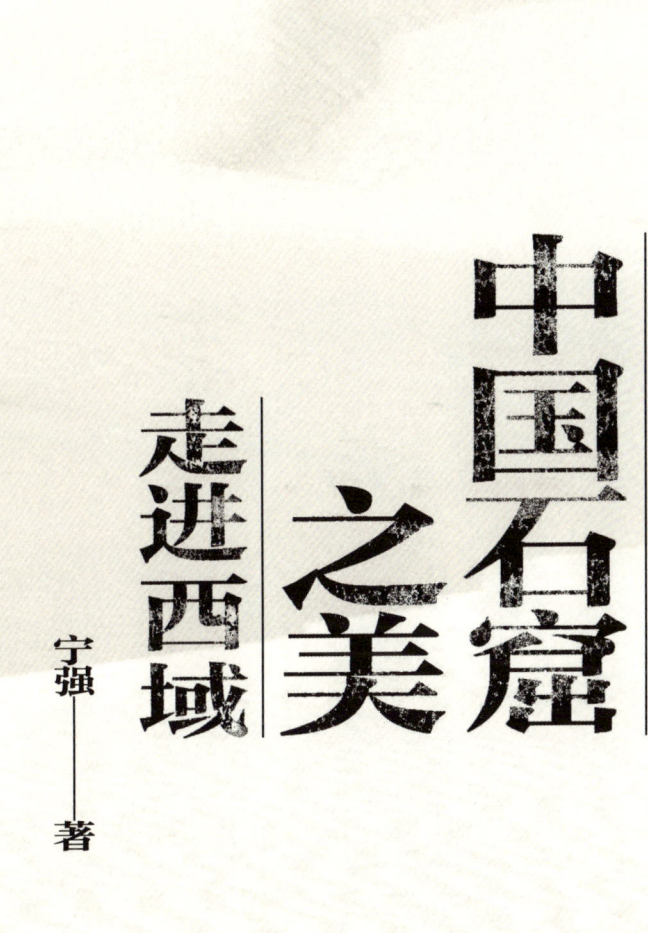

中国石窟之美
走进西域

宁强 —— 著

阿艾石窟

克孜尔

库木吐喇

龟兹

敦煌

中央编译出版社

图书在版编目 (CIP) 数据

中国石窟之美：走进西域 / 宁强著. —北京：中央编译出版社，2023.12
ISBN 978-7-5117-4550-7

Ⅰ.①中… Ⅱ.①宁… Ⅲ.①石窟—美术考古—新疆 Ⅳ.① K879.2

中国国家版本馆 CIP 数据核字（2023）第 196699 号

中国石窟之美：走进西域

图书策划	张远航
责任编辑	哈　曼
责任印制	李　颖
出版发行	中央编译出版社
网　　址	www.cctpcm.com
地　　址	北京市海淀区北四环西路 69 号（100080）
电　　话	（010）55627391（总编室）　（010）55625174（编辑室） （010）55627320（发行部）　（010）55627377（新技术部）
经　　销	全国新华书店
印　　刷	北京印刷集团有限责任公司印刷一厂
开　　本	710 毫米 ×1000 毫米　1/16
字　　数	210 千字
印　　张	20
版　　次	2023 年 12 月第 1 版
印　　次	2023 年 12 月第 1 次印刷
定　　价	98.00 元

新浪微博：@中央编译出版社　　微　信：中央编译出版社（ID：cctphome）
淘宝店铺：中央编译出版社直销店（http://shop108367160.taobao.com）（010）55627331

本社常年法律顾问：北京市吴栾赵阎律师事务所律师　闫军　梁勤
凡有印装质量问题，本社负责调换，电话：（010）55627320

序
Preface

  这本书的内容是我们 10 多年来 8 次对新疆境内古代艺术遗迹实地考察调研的一些有趣发现和学术总结，也是对新疆地区古代佛教艺术的初步探讨与综合介绍。

  受《艺术头条》总编辑的邀请，"西域·敦煌艺术发现之旅"由《艺术头条》的"艺术公开课"制作团队拍摄制作成视频节目，在艺术头条、喜马拉雅、爱奇艺、蜻蜓等网络平台播放，这款知识付费节目受到了广大观众的热烈欢迎，播放总量已经有 350 多万次，反映了公众对古西域艺术这一"冷门绝学"的关注度空前高涨。为了方便学术界的专家学者了解西域考古和艺术，方便广大学生获取相关知识，也为了更多的纸质图书读者和旅游爱好者出行前准备攻略或出行后的总结收获，我们把节目内容整理成文字，并做了修订和更新，特别配上精美图片，出版成书。

  古称"西域"的新疆，位于中国广袤的西北大地，既有雄奇壮阔的戈壁沙漠，也有富饶美丽的湖泊山川，更有勤劳勇敢的由诸多民族组成的大众百姓。新疆是中国五个少数民族自治区之一，面积达 166.49 平方公里，约占中国国土总面积的六分之一，是中国陆地面积最大的省级行政区。新疆地区独特的地理风貌和丰富的人文景观，对生长于中国内地的人有很大的吸引力。

"大漠孤烟直，长河落日圆。"

唐代诗人王维对西北沙漠荒原独特景观的描写充满诗情画意，仿佛在讲述天堂的故事。同是唐朝诗人的李白，对西域景观的描写有更加具体的地理意识：

"明月出天山，苍茫云海间。长风几万里，吹度玉门关。"

李白诗里讲到的天山，就是横贯新疆大地的标志性山脉。而万里长风吹度的玉门关，则位于新疆与甘肃的交界处——佛教艺术圣地敦煌。这个著名的玉门关，在唐朝诗人戴叔伦的诗里还是"国门"的象征：

"汉家旌帜满阴山，不遣胡儿匹马还。愿得此身长报国，何须生入玉门关。"

这句"何须生入玉门关"显然是对汉朝著名军事家、外交家班超留下的名句的回应。班超是东汉扶风郡平陵县（今陕西省咸阳市）人，曾经出使西域 30 多年，使西域地区众多小国归顺中原王朝，为巩固汉朝对西域的统治管理做出了巨大贡献。他在公元 100 年时，因年迈体衰请求回故乡，并写了一份报告，其中有句名言：

"臣不敢望到酒泉郡，但愿生入玉门关。"

班超这句话，透露出对家乡故园的无比眷念和对国家使命的无限忠诚。正是由于历史上许许多多像班超这样无私无畏充满家国情怀的英雄人物，中华文明才泽被四方，团结起周边地区众多少数民族兄弟姐妹，形成今日大一统之伟大中国。

20世纪初，由于清王朝的衰败没落，中央政府对新疆地区疏于管理，怀有殖民野心的西方列强纷纷派人进入这片地广人稀的地区从事地理测绘和考古发掘，为数众多的古代文明瑰宝被洗劫一空，运往欧美诸国的博物馆、图书馆。幸运的是，体量较大的寺院遗址、佛教石窟、古代城堡等历史遗迹搬运不便，因而得以幸存至今。

到新疆地区做过考古探险的外国人数量众多，其中有重大考古发现并整理发表了相关资料者主要有斯文·赫定（瑞典）、斯坦因（英国）、伯希和（法国）、科兹洛夫（俄国）、格伦威德尔（德国）、勒·柯克（德国）、大谷光瑞（日本）、橘瑞超（日本）等。现藏于欧美、日本博物馆里的新疆考古发掘资料，大多是以上考古探险家们的收获。我们在这本书里讨论到的许多古代佛教艺术实物资料，就是从他们当年收集、发掘的资料里选取的。当然，本书研究、讲述的主要对象，还是现存于新疆境内的古代佛教艺术遗迹。

为了让读者有一个较为清晰流畅的阅读体验，本书按从东往西走的考察路线记录描述。东起汉唐屯垦重地吉木萨尔，西至龟兹古国故地（今库车地区）大峡谷悬崖上的"阿艾石窟"，结束于回程路上的焉耆古国故地。这样的先后次序并非年代早晚的顺序，而是地理位置连接而成的当代考察旅游线路，方便考察者或旅游者"按图索骥"，看懂自己遇见的古代文物。因为此书的目标读者主要是学生群体和对"诗与远方"感兴趣的普通公众，我们对诸多学术问题只是提及，并未做深入的研讨，还望学界同行见谅。

"珍果出西域，移根到北方。"

唐代诗人刘禹锡在《和令狐相公谢太原李侍中寄蒲桃》一诗中写到的"珍果"，正是西汉时张骞出使西域带回汉地的著名水果葡萄种子在内地北方地区生根发芽、开花结果的故事。这个葡萄种子传播的故事，象征着中国内地居民与新疆少数民族之间血脉相连的友好关系。

有一首流传甚广的歌，其词有云："我们新疆好地方啊，天山南北好牧场。戈壁沙滩变良田，积雪融化灌农庄。"我们祝愿大家唱着歌、跳着舞，走进美丽无双的新疆大地，去寻找遗失在广袤戈壁大漠里的历史珍宝！

目录
Contents

西域在哪里? 001

西域的"三大男神" 009

西域的"人口普查" 015

西域的"旅游攻略" 019

汉唐经营西域的中心 026

吉木萨尔——"前世"的所在:北庭故城 029

吉木萨尔——西大寺·政治与乡愁的"综合产物" 034

吉木萨尔——西大寺·特殊的"地下室"空间 039

吉木萨尔——西大寺·独特的《妇女往生图》和
　　大量的"弥勒佛像" 047

龟兹古国——一个家族 700 多年的统治 052

龟兹古国——重建龟兹文化的生动片段 057

克孜尔石窟——千佛洞的四宗"最" 064

克孜尔石窟——一本"装订错了的史书" 071

第 118 窟为什么又叫"海马窟"? 076

克孜尔第 118 窟正壁的《宫中娱乐图》	079
克孜尔早期天宫里的"美好生活"	085
克孜尔石窟——"释迦说法"解了谁的惑?	093
克孜尔第 38 窟《释迦牟尼涅槃图》里的无悔追随	101
克孜尔石窟"本生故事画"里"牺牲"的意义	109
克孜尔石窟:关于鸠摩罗什的"联想"	115
克孜尔石窟——什么是古人的创新?	121
克孜尔石窟——繁盛期大量开窟的"时代背景"	131
克孜尔为什么会有"因缘故事画"?	136
克孜尔石窟的"供养人"究竟长啥样?	141
龟兹古人"偏爱"用图像讲故事	153
克孜尔石窟——故事画中强大的"生命力"	158
克孜尔石窟——超越宗教本身的"本生故事图"	166
克孜尔石窟和皇家息息相关的"佛传故事"	175
克孜尔石窟——《宫中娱乐图》里的外来因素	183
克孜尔石窟"菱形山包"是龟兹人的招牌构图	187
克孜尔石窟"日月形象"里的创新之路	191
克孜尔石窟——曾经辉煌的它"没落"的原因	195
克孜尔晚期壁画"千佛"是这里的末日狂欢	199
库木吐喇石窟——为什么说它是"不可替代"的?	203
库木吐喇石窟——龟兹政权更替的"发言人"	207
库木吐喇石窟——三期三会	212

库木吐喇石窟——为何要在这里开窟造像？　　　　219

库木吐喇新发现：龟兹也有"大乘"　　　　　　　223

库木吐喇"非主流"的新1窟和新2窟　　　　　　228

森木塞姆石窟——为什么说它是"不太一样"的？　234

森木塞姆石窟——"偏爱"画猴子的新趣味　　　　237

森木塞姆石窟——大像窟里曾经的"主人翁"是谁？240

龟兹古国石窟群——烽火台上公主的传说　　　　245

龟兹古国石窟群——国王脚下"冒出"的地神　　　249

龟兹古国石窟群——不能不提的"小石窟群"　　　255

阿艾石窟——孤悬崖壁上的"另类汉风"　　　　　259

阿艾石窟——没有"组织观念"的题记　　　　　　263

阿艾石窟——题记旁边为何不画供养人像　　　　268

阿艾石窟——挖出的"拳头"到底是谁的？　　　　274

阿艾石窟——"西方净土"里的乐舞队　　　　　　277

阿艾石窟——比别处漂亮的"佛像"和"菩萨像"　284

焉耆古国——"运气不太好"的焉耆王国　　　　　292

焉耆古国——焉耆国人都爱佛教吗？　　　　　　295

焉耆古国——七格星石窟寺里的"杂糅"和"混生"　299

艺术圣地敦煌石窟

西域在哪里?

西域是什么?敦煌又是什么?在了解进入这些故事之前,我先给大家做一个简要的说明。

西域的概念,可以分为两个部分:"大西域"和"小西域"。"大西域"即敦煌以西,一直到意大利罗马,亚欧之间的广阔领域,都可称作西域;而"小西域",简单讲还是敦煌以西,直到帕米尔高原以东,也就是我们今天的新疆地区。这也是我们传统意义上西域的概念。这个地区非常神秘,却又极为优美。

西域是我们心目中的诗与远方。如果一个人一生要离开家乡一次,他最想去的地方是哪里?那就是西域,尤其是一个中国人。当你到了西域,你可以见到你想象中的美人、美景,各种珠宝、玉石,各种你对财富的幻想,当然更重要的是你对成功的幻想。在中国古代,比如唐代、宋代,尤其是汉代,想要成功的年轻人去哪里?走西域,开疆拓土,传播文明,这里是成功之梦实现的地方,所以,西域神秘、优美,充满了机会,它今天仍然如此。

敦煌是一个迷人的地方。每个人心中都有一个不同的敦煌。在艺术圈里,敦煌更是一个艺术圣地,但是不要以为敦煌早就被叫作"艺术圣地"了,这其实是一个新的概念,是我们当代人对敦煌艺术宝库的尊称。几十年前,敦煌还是一个没有什么名气的小县城,莫高窟也相当地荒凉。去莫高窟工作叫"支边",即支援边疆建设。而现在,大家一提到敦煌就是"艺术圣地",最初还叫它"沙漠宝库"。

新疆伊犁天山草原

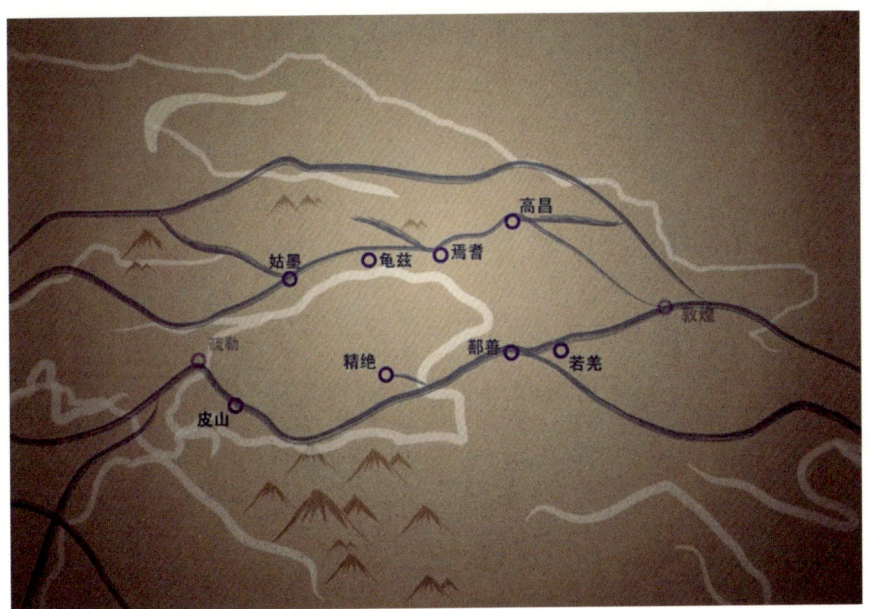

西域古代重要绿洲城邦位置示意图

我记得有这样一回事,我在哈佛大学读书的时候,教我伊斯兰艺术史的老师是伊朗的公主,我邀请她到敦煌参观,参加国际学术讨论会,然后她告诉我,敦煌是我们人人都想去的一个地方,它就是一个"Art Holy Land",一个真正的"艺术圣地",可见敦煌在世界人民心中的地位。而"艺术圣地"的形成,也有一个过程。敦煌究竟怎样从边远地区的小县城,变成人人向往的艺术圣地?这背后有许许多多感人的故事。

当我们真正开始了解敦煌艺术,会发现这是一个觉悟的过程,你会从中看到你的人生,你会想到你的过去和未来,你会体会到历史照进现实的过程,体会到历史怎样影响未来的艺术,怎样使人觉悟,使人智慧，使人学到更多的东西。

"西域·敦煌艺术发现之旅"，来自一个充满奇迹的故事汇，这里讲到的每一个地方、每一处遗址、每一件文物、每一样艺术品都有它独特的故事，而且这些故事往往精彩、刺激且美好。

我将会从一个神秘的地方开始讲起，这个地方在西域腹地，叫作吉木萨尔。吉木萨尔就是大唐王朝的北庭都护府所在地。从吉木萨尔往西，是一个著名的古国——龟兹古国，在这里有著名的克孜尔石窟。龟兹古国继续往西，则是喀什噶尔。我们再往南沿着塔克拉玛干沙漠走到和田，走到神秘的精绝国，找到精绝国的国王。他就躺在坟墓里，我们

边陲小城敦煌民居

敦煌北魏禅定佛

森姆塞姆出土的西亚玻璃杯

还可以看到他的手臂上绑的一个写着汉文的神秘护臂。

你想,所有的这些东西都太精彩、太迷人,更不用说最后的"王炸",最精彩的——敦煌!

以上,是我们西域·敦煌艺术发现之旅的全部内容,先给大家一个小小的剧透。现在让我们走进西域、亲近敦煌,看看我们古代文明

精绝国王的神秘护臂

敦煌壁画《化生童子图》

西域古国精绝国故地

的灿烂之花。

　　西域是一个神秘、美丽、梦幻般的地方，我们对西域的认识也是充满了梦幻和矛盾，甚至有些诡异，我们要想真正了解西域，其实是一件很不容易的事情。那么我们怎样来了解西域呢？我准备通过三个"男神级"的历史人物向大家介绍西域文明，介绍西域的历史发现。

西域的"三大男神"

第一个人物是"超级明星"、著名的"探险王"、西域的开拓者——张骞。张骞这个人物,最后是封了"侯"的,叫"博望侯"。

当汉朝的力量积累到相当的高度后,汉武帝准备开疆拓土,收复失地,将这个帝国推向一个新高潮。此时,他对西域的兴趣也增加了。这对出身贫寒、寂寂无闻的张骞来说是个好机会。

张骞走西域,意味着"凿空"。什么叫"凿空"?即去开拓一个空空如也的空间。去"未知的西边大地"对中原内地人而言,就是"凿空"。其间张骞经历了多少艰难险阻,多少难以想象的自然的、人为的困扰,真是不容易!他就是中国人认识西域文明系统的开始,他将带领我们去探索一个广袤无垠的空间,一个未知的文明,一个从来没有被人讲过的故事。

张骞在西域带回来的知识足以改写中国历史,改变整个中国人对西域文明的认识,称得上是一个历史传奇。

提到张骞开拓西域,必须讲到另外一个人物——班超。

班超就是一个"凤凰男",从贫寒之家突起,最后成为"定远侯",也是封了侯的人物。他从一介白丁怎么能成为一个"侯爷"?靠读书。

敦煌唐代壁画《张骞出使西域图》

当然这也是我们常见的发展路径，他确实也是靠读书，然后考取功名。

可是这样顶多能成为"刀笔吏"这一类的人物，也就是给人当秘书。而从一个白丁到一个文人，再到一个小吏，最后你要有一个突飞猛进的成功，机会在哪里？在西域。

班超最后确定远赴西域，且使尽了各种智慧、勇气以及手段，他成功

班超像

了！在西域他为汉王朝建立起了一个强硬的、稳定的统治。他花了多少时间？整整40年！一直在西域！最后逐渐老去，经历了无数的刀光剑影，拼杀过无数次，他想家了，并且跟汉王朝上书，想要回到老家。"臣不敢望到酒泉郡，但愿生入玉门关"，活着回到汉人的聚居区，就是回到敦煌，就已经心满意足了。

所以班超的故事，是励志的故事、开疆拓土的故事、封侯成功的故事，也是一个淡淡的、哀伤的故事。因为他把一生献给了西域，他为中国广大土地的管理权，建立了一个重要的基础。

而第三个人物，那真是我心目中的男神了，他就是鸠摩罗什。这个人实在是太有趣、太有震撼力了，他改变了我们中华文明的翻译史、文化史、宗教史和政治史。他的影响力和魅力可以代表整个西域文明的最高水准！

刚开始接触西域文明时，我读鸠摩罗什翻译的各种佛经，然后了解到鸠摩罗什个人的历史、生活背景，这也促使我走到了西域，走到了他的故乡——龟兹古国（今新疆库车地区）。我们可以从这里的石窟、壁画和雕塑造型中还原出鸠摩罗什这个人物。他不仅是一个高僧，还是一个王子。他的父亲鸠摩炎原是印度一个国家的宰相，年纪轻轻就不干了，潇洒地来到了西域，来到了中亚的龟兹古国，然后娶了龟兹国王的妹妹，所以鸠摩罗什是一个混血儿，他不光是种族上的混血，也是文明上的混血。

西域地区有一个特点，就是这里成长起来的高富帅，他们的语言能力都特别强。鸠摩罗

鸠摩罗什像

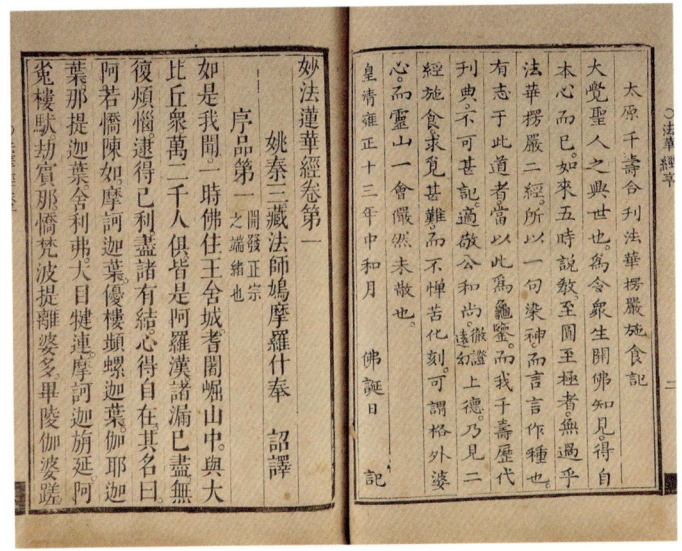

鸠摩罗什译《法华经》

什会各种各样的地方语言，这就为他最后翻译大量的佛经、创造新的词汇、形成一个新的理论体系打下了重要的基础。鸠摩罗什5岁就跟随母亲出家了，可以说是与佛有缘，因此他有机会去学习各门各派的佛学理论，接触各种文明，也包括汉文明。当接触了这些后，他又把人类的智慧整合起来，然后贡献给世人。

所以我们要想了解西域，走进西域，理解西域文明，绕不开鸠摩罗什这个人物，他对中华文明的发展做出了巨大的贡献。

说到底鸠摩罗什他还是一个中国人，他出生在龟兹，龟兹在哪里？在库车，即中国新疆的库车县（今库车地区）。

从张骞到班超，再到鸠摩罗什，我们从这三个历史人物的身上看到了西域文明的历史，探寻到关于西域文明的知识是如何生成的。所以这三个人为我们发现西域、了解西域文明,提供了绝佳参照,他们是伫立在西域大地上的历史丰碑。我们今天重新来了解张骞的故事,来了解班超的故事,来聆听鸠摩罗什说法,我们就可以深入地了解西域认识西域。

龟兹古国佛寺遗址

西域的"人口普查"

西域的人口是非常复杂、难以描述和统计的，现在的西域人也不是我们简单想象的维吾尔族人，除了维吾尔族人，还有哈萨克族、柯尔克孜族、蒙古族，各种民族、各种人都有。

而在古代的西域，又有哪些人呢？我就从当时人口的样貌、存在的国家（"西域三十六国"）以及他们的姓氏（"昭武九姓"），这三个方面来跟大家介绍。

我们在西域考古发掘了很多干尸。干尸是人死后，将尸体迅速脱水，从而将人的形体、皮肤、毛发都保存下来。这给我们研究他们的族源、长相、人种特征提供了很大的帮助。

比如在描述西域人的时候，我们都知道汉人有一个特别的说法，叫作"高鼻深目、丰乳肥臀"。所谓高鼻深目呢，比较好理解，这是描述面部特征的，鼻梁很高，眼窝很深，像西方人。但是高鼻深目并不是西方人的专利，也有这样长相的中亚人、西亚人。比如在自治区博物馆里存放的保存非常完整的干尸，黄头发、高鼻梁、深眼窝，特别像欧洲人。有一个美国的人类学家梅维恒（Victor H.Mair），他就说："你看，你看这个，他像我的弟弟大卫！"

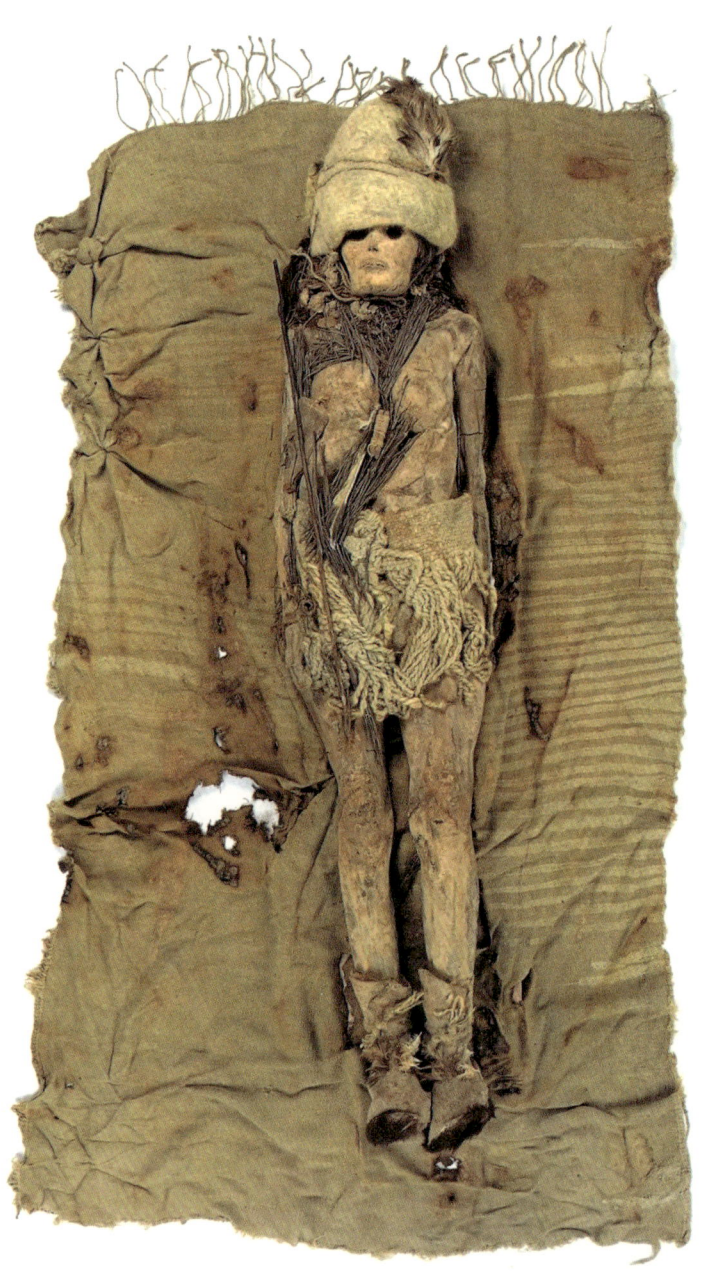

西域小河墓地出土的干尸

所以在研究西域人口时，要看到它的一种杂糅的、现在已经不存在的人物特征。

人口的复杂性让西域形成了各种各样的小国家。在汉代，汉书里记载了西域有36国，其实不止，最初有50多个国家，随后逐渐地兼并、攻伐和融合，形成了相对稳定的西域36国。这些国家又可以分成各种类型，有以商业为主的城邦国；也有利用沙漠绿洲农耕的绿洲国；甚至还有由号称"杀富济贫"的强盗组成的"强盗国"。

其中有一个国家非常典型，它就是广为人知的《鬼吹灯》里提到的"精绝国"，它已经成为一个荒芜之地，仅还有一些人类生活过的遗迹而已。精绝国小到什么程度？它就是一个"Mini Country"，一个小小的村，全国的人加起来500户人不到。全国的军队是必须有的但也仅有500人。与其叫精绝国，不如叫"精绝村"。它连内地的一个小村都不如，但是它却是一个国家，有自己的文字、宫殿。我们甚至找到了它的国王。

通过精绝国我们就可以了解到西域人是怎样构成的，怎样组织起来并且让他们的文明保存下来的。

西域人跟汉人一样，也是有名有姓的，他们"以国为姓"，就是他所在的国家叫什么，就姓什么。所谓的"昭武九姓"，比如姓康的、姓曹的、姓米的，加起来大概有9个叫法。一方面它反映了西域地区人口的多样性；另一方面也反映了我们在记录和描述历史时，是要将其归类，概括出它的特点。

我们知道的西域，其实是历朝历代不同的人给我们留下来的宝贵财

史君墓出土石刻粟特人生活

富。在西域广袤的大地上曾经存在过至少 36 个小国，国家虽多，人口却少；人口虽少，却又很复杂。我们这本书就是要利用目前所发现的历史文物，利用现在遗存的国家遗址，利用现在我们所能找到的点点滴滴的线索，把它们串起来，给大家讲述一个相对完整的西域故事。

西域的"旅游攻略"

如果去新疆，都能看到什么东西呢？有三大类型的东西可看。

第一类是古墓地，也就是当年西域各国的杂色人等，他们死后的埋葬之处。这往往是一个集体墓葬，所以说它有讲究，而且保存得也比较好，值得看；第二类是佛教的石窟，石窟与各种壁画、彩塑；第三类是城邦，各种古城的遗迹。

古楼兰墓地遗址

克孜尔石窟外景

交河故城遗址

我们先说古墓,在观察古墓时,要注意它的结构,有没有一个中心点,如果有,再判断它埋葬的是不是国王,或是全国最重要的人,如果是,他会被埋在中间,大臣或是普通的民众则埋在四周。

其实在中国内地也是有这样传统的,比如像汉武帝的墓,一个大墓在中间,然后那些给他立了功的大臣就埋在周围,其他人按顺序排起来,而普通老百姓就要到另外的地方去埋。

同样的,我们去著名的小河墓地,看到的小河公主,楼兰国女尸,楼兰国墓地,它又是怎么排列的呢?它的结构是不是也反映了这个社会结构呢?

西域的古墓葬最大的特点是它保存完整,且出土的东西非常生动,

古楼兰地区发现的"太阳墓"

唐代点心（阿斯塔纳墓地出土）

甚至可以说是非常有趣。看它埋葬的东西，出土的有各种陶俑和食物，例如吃的面饼子、点心，各种好玩有趣的东西。面条，你看这是谁家吃剩下的一碗面，还在那埋着？

我们去新疆，要看的第二大类是古城遗址。

西域地区的古城遗址不仅数量众多，而且保存完好，很多地方都没有经过后代的改造，视觉上也非常震撼，它们所包含的历史信息非常丰富。相反，在内地的很多古城经过了历朝历代不同的人的改造，而且在战争中都已经被推平、毁灭了不知多少遍。现在在很多内地看到的古城遗址，远不如去西域看到的那么完整、生动，我们甚至都能识别出城市里的各种功能区，找到当时的人为了保卫自己的家，所留下的箭头、刀；看见城里居民到哪里去取水喝，到哪里去乘凉。

比如去看高昌古城，或者交河古城，这两个古城离得不远，但是因为它们的修建方法，现在所能看到的状况就很不一样了。有的是以寺院为中心，有的是以皇宫为中心，然后还可以看到附属的各种建筑。

古城是人口聚居的地方，因为戈壁滩上的生存环境很糟糕，狂风一刮，石头满天飞，沙尘暴一来，把房子都给埋了，要单独地在外生存，是相当不易的。所以人们便聚集在一起。比如像精绝国，尽管只有500户不到，但大家抱团取暖，形成一个小国家。国家就得修一个都城，都城修起来，大家就都住到首都来了，36国就有36个都城。除了都城还有一些次等的城市，这些城市有的被沙子埋了，有的沙子又被吹走了重新裸露出来，我们都可以看到。

因此到西域去，我们可以看到各式各样的城邦，既有汉式的——四四方方的古城，每一方各有一道门；也有像交河故城的，修到山顶、高台上的，那是为了方便防御，也因此，修的门、主干道、各种布局都不一样。

吐鲁番地区高昌古城遗址

我们去新疆参观、考察，能够看到的第三大类型就是新疆星罗棋布的佛教石窟寺庙。

新疆遗存的佛教石窟寺庙特别地多，而且造型很丰富，既有汉风的，也有当地风格的，主要是关于佛教，也有摩尼教和其他教的东西，非常丰富。当然那个是最靠近汉地的，继续往西，就可以看到用土和土坯垒起来的人造石窟。这和在内地看到的，开在山崖上凿出来的石窟是不一样的，在戈壁滩上、平地上，怎么造石窟啊？所以有的就挖到地下去了，还有大量开凿在峡谷里的石窟。

然后你就看到了克孜尔石窟，到了南疆还可以去看一些垒起来的特别的小寺院，这些也都要归到石窟类型里去。单单在龟兹地区，也就是我们现在的库车地区，就可以看到至少 7 个重大的佛教石窟群，一点一点地捋，克孜尔石窟就有几百个窟。然后还有库木吐喇石窟、森木塞姆石窟、克孜尔尕哈石窟、台台尔石窟……名字都数不过来，这些石窟可以帮助我们理解内地的一些地方文明，因为你还可以看到它们在敦煌的影子，在凉州古城的影子，在云冈石窟、龙门石窟的影子，这样一看起来，你就知道西域的佛教石窟艺术有多重要，因为它是中国石窟艺术的源头。

在这些神秘的古墓葬里，埋藏着解开西域文明的钥匙。在这些寸草不生、荒凉的古城遗址里，我们还可以看到古老文明消失后沉重的身影。在这些佛教石窟里，我们更能看到供养人的信仰和他们为此而付出的代价，从此生出的灿烂花朵。

交河故城高处的佛寺遗址

柏孜克里克石窟

汉唐经营西域的中心

我们的"西域·敦煌艺术发现之旅"第一站,要带大家去看一个地方,叫吉木萨尔。

吉木萨尔是一个美丽的地方,在新疆乌鲁木齐以北,吉木萨尔是蒙古语的叫法,意思是"沙砾滩河"。各种戈壁滩上的小石头、胶质的东西堆在一起就叫作沙砾。沙砾滩河,就是一条沙滩里的河。

吉木萨尔不是在新疆吗,怎么跟蒙古族人扯到一起了?需要注意的是,新疆并不是仅有维吾尔族人,还有蒙古族人、哈萨克族人、吉尔吉斯族人,还有很多其他民族的人,在西域可以见到大量蒙古语的名字,

吉木萨尔保存的北庭故城城门

还可以见到很多哈萨克语的名字。这个地方曾经有蒙古族人居住,因此留下了"吉木萨尔"这个名字。

当然汉人也有一些对"吉木萨尔"这个名词的解释,汉人的名字叫"金满",堆满黄金的意思。汉人通常称吉木萨尔为"金满城"。蒙古语的叫法是对自然的描述,而汉人的叫法则是一种社会性的描述,表达了对财富积累的渴望。

现在的吉木萨尔,大多数居民是新疆屯垦兵团和建设兵团的,少数民族只占了20%。为什么这个地方主要住着屯垦的汉人呢?其实追溯到汉代,这里就是汉人屯田的地方。在公元74年,吉木萨尔作为东汉重点军事要塞,设有一个军事和行政相结合的管理机构,叫作"西域都护府",同时还设有官员"戊己校尉"。当时那里驻扎着几百号士兵,平时人们一起务农,需要打仗时,大家就集中起来打仗,这种耕、战结合的管理模式和我们今天建设兵团相似。人们在这里开垦、种植,因为这里是绿洲。而且,在蒙古语里我们知道吉木萨尔是一条河,这条河可以提供灌溉的水源,让这些士兵和他们的家人留下来,繁衍生息,逐渐形成规模。纵观整个帝国扩张史,也是这样的过程:军队先来到一块陌生的土地,和当地的人打交道,然后逐渐移民,建立政权,活下来并永久定居下来。

在汉朝统治结束后,吉木萨尔也是在继续经营的,如在三国时,曹魏也有军队过去,但从三国到隋朝这一段的相关记载很少。现在吉木萨尔保留下来的各种艺术、宗教、文化的遗迹主要集中在唐代,在公元640年。

北庭故城遗址

公元 640 年正是贞观十四年，唐太宗指派他最得力的将军侯君集[①]攻打高昌国——离敦煌最近的一个强大的非汉人的国家。侯君集灭了高昌国，然后把高昌的文化、艺术、人口带到了敦煌，并且军队继续往西，到了吉木萨尔，建立了一个新的统治机构，叫作"北庭都护府"。北庭都护府在大唐对外交流中起到了至关重要的作用，唐朝与西域诸国通商、打仗、建立郡县，都是以北庭都护府作为重要基地。

---

① 侯君集是一个相当了不起的人，进入了二十八功臣图，而且他跟唐太宗的关系非常好，可惜运气不好，最后因参与了太子叛乱，被腰斩。

吉木萨尔——"前世"的所在：北庭故城

在吉木萨尔，我们可以看到一座古城遗址——"北庭故城"，目前它是国家级的文物保护单位。

北庭故城是一座方形的城，分为内城和外城，现在还能看到当时的城墙、城门以及中间的官署、民居。

站在城门边上，就能感受到它曾经的辉煌。曾经在那残破的城门内，驻扎过唐朝的10万大军，将士们从城门走出去，在西域建功立业，留下壮烈的诗篇。远处还能看见一个"土堆"——瞭望哨。可以想象当年的士兵在上面熬夜放哨，胡人的马来了，可能"嗖"一下被暗箭射中，一命呜呼。班超那句"臣不敢望到酒泉郡，但愿生入玉门关"可谓有感而发！

当你知道这座古城的历史，就可以想象到创造这些历史的人，就会发现残破的古城曾经有多少悲欢离合，多少故事是讲的"一将功成万骨枯"。在吉木萨尔的城下，不知埋着多少将士的枯骨，又有多少妇女失去了丈夫，孩子失去了父亲？

这座城是中华文明形成过程中的一块丰碑，没有它我们都不敢说新

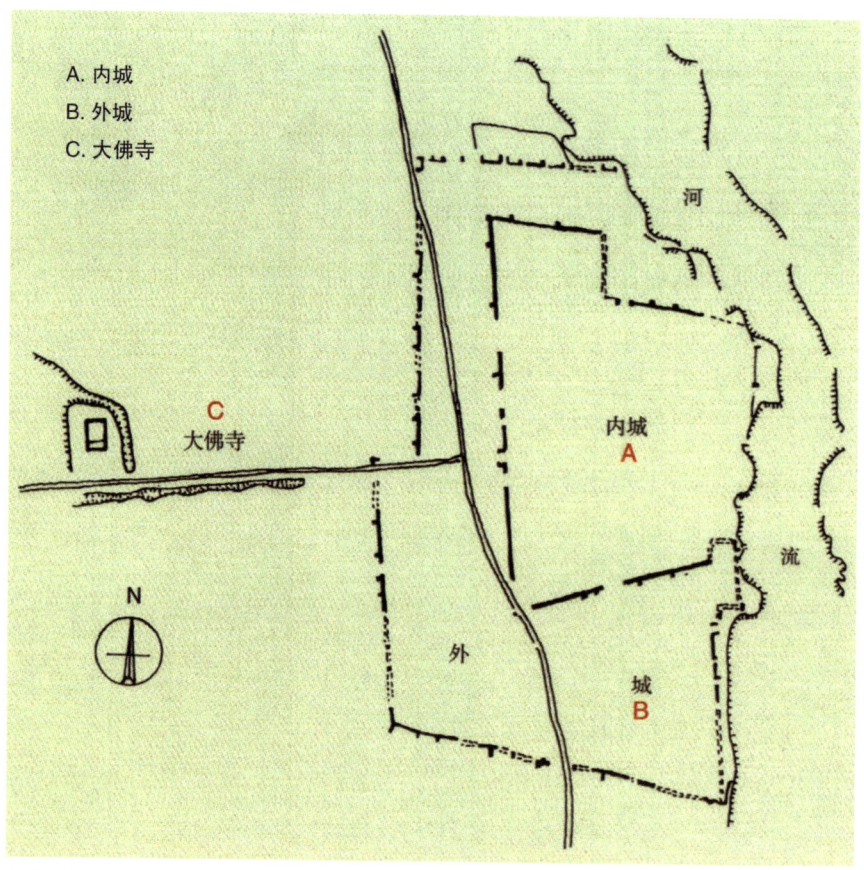

北庭故城示意图

疆是中国的固有领土。靠着这些人，靠着这座城，中国在1000多年前，就已经在西域的广袤土地上建立起了屯田据点，划分了管辖范围，形成了大量的移民保护区，逐渐地把西域纳入版图，成为中国的一个部分。

吉木萨尔残破的古城，它的价值在哪里？去了你就知道中国文明之伟大，中国历史之悠久，它是唐朝的一个部分。

在武则天死后，吉木萨尔更加发达，成为"西域大都护府"，下辖两个都护府，管制着整个西域。成为扩散唐王朝影响的一个中心点，一个要塞，一个最高管理机构。

当然除了古城以外，在吉木萨尔我们还可以看到很多有意思的东西，比如古城里挖出来的石球，这个球上刻了各种花纹，非常精美。除了石球，还有印章、

北庭故城出土的石球

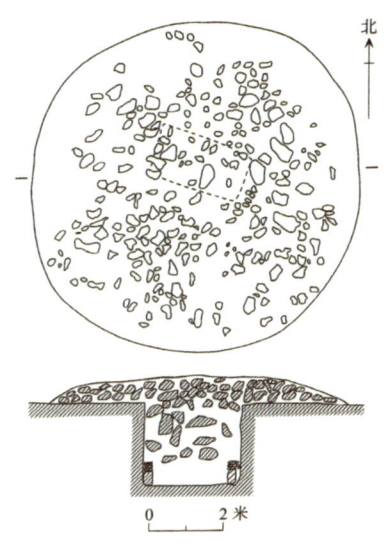

吉木萨尔附近地区发现的"竖穴墓"

吉木萨尔附近木垒县发现的"马葬墓"

铜镜，这些物体上面都是汉文，风格也是唐风的。

　　除了城里挖出来的东西，最近在吉木萨尔地区还发掘了一大批古墓，甚至还有汉地见不到的马墓。我们知道在汉代、唐代时，汉人的墓都是方形或长方形的，而这个地方除了标准的方形墓穴以外，还出现了圆形的墓，并且还是竖穴墓。"圆"的建筑理念，常常出现在西方国家，所以此墓地形式很有可能是从叙利亚、伊拉克或伊朗传过来的。这些圆形墓穴在西式的基础上，又融合了唐式和汉式，形成了自己独特的风格。可见吉木萨尔不仅见证了中华文明统治西域的历史，还是一个文明碰撞的地方。在北庭故城还发现了火祆教徒的埋骨葬具，说明当时有粟特商人与屯田将士及其家属居住在一起，过着稳定的聚居生活，维系着丝绸之路的商业往来。

北庭故城出土的屯田将士用过的武器

粟特火祆教徒葬具

北庭故城发现的陶甑子

吉木萨尔——西大寺·政治与乡愁的"综合产物"

从吉木萨尔北庭故城向西1公里,有一座著名的寺院,名为"西大寺",也称"西寺"。无论是这里的将兵、官员,还是内地来往的文人墨客,包括西域商人,只要是信奉佛教的,大家都会到这里祈福、供奉。

西大寺曾是被埋没的荒地,1979年,当地一个维吾尔族农民在挖土时发现了一块壁画,引起了文物部门的重视,从而请了很多专家、学者

吉木萨尔西大寺侧面旧貌

去调研，再往下深挖就发现一个巨大的寺院，里面保存了很多壁画和彩塑。后来为了更好地保护这些文物，又将探坑回填了。再后来条件逐渐成熟，政府对西大寺做了一个系统的发掘，逐渐把西大寺的全貌展现出来。

吉木萨尔西大寺地下佛殿

现在西大寺考古发掘出来的东西被认为是回鹘时期的。吉木萨尔除了被汉朝和唐朝统治，也被回鹘族统治过。回鹘是一个古老的少数民族，我们今天的维吾尔族就是回鹘族的分支。

回鹘这个名字是怎么来的呢？在敦煌莫高窟的第100窟里有一幅庞大的壁画，描绘的是当地的统治者曹议金和他的夫人出行供佛的场景，叫《曹议金夫妇出行图》。

在后面跟着一群人，他们举了一面像扇子一样的旗子，旗上画了一只白色的鹰。这只鹰用爪子抠着一根棍子，双翅展开，做回旋搏击之状，谓之"回鹘"。图中曹议金的夫人就是回鹘人，回鹘人音译是"铁勒"，而这群"铁勒"的出现恰恰体现了回鹘与敦煌关系的紧密。

敦煌莫高窟里的回鹘王供养像

敦煌莫高窟里的回鹘公主供养像

回鹘人在那里建立了自己的王国,并形成了好几个政权。现在见到的西大寺很可能是高昌回鹘人建的,这里是高昌回鹘的夏都,而它的首都在今天的吐鲁番。吐鲁番是火焰山的所在地,常年炎热,于是国王在北部的吉木萨尔建了夏都,避暑纳凉,而他又信奉佛教,得有个地方表达信仰,于是修建了西大寺。西大寺并不是平地修建的,当然这还需要进一步的研究，它很有可能是在唐朝北庭人修建的寺院基础上，扩建而成的。回鹘人还把它纳入了皇家寺院的范畴。

平时，回鹘人的卫队、士兵、眷属都住在城里，天热了就来西大寺小住，这跟莫高窟的情况非常像，敦煌的统治者们也会到莫高窟小住——所以推测他们在西大寺也有修建房屋，而且他们可能会去地底下居住生活，这样夏天会更加凉爽。

吉木萨尔——西大寺·特殊的"地下室"空间

　　西大寺分为两部分,一个是地上部分:首先用夯土砖垒起来一座像山一样的土坯堆,然后在山上开窟、造像,这是西域佛教艺术的一个特点,在中原、汉地都见不到。汉地不可能用土坯来修一座山,下一场大雨就给冲走了,但是在吉木萨尔可以,那里的雨量小,用土坯来建房子

吉木萨尔西大寺侧面旧貌

吉木萨尔西大寺地下佛殿

是当地的传统。

西大寺坐北朝南,北边是座人造山,而南面挖到了地底下,这里有修建的僧房、佛殿。当然这里的佛殿是泛指的,不是指现在的大雄宝殿,而是一些有佛说法的大厅,每个厅都有不同的主题,如涅槃题材的、佛禅定题材的。每个厅还有一个主像,厅两边的墙上绘有相关题材的壁画。

这是一个非常奇特,但又非常有意思的寺院。一般的寺院,不会分成地上和地下两部分,只有在吉木萨尔的西大寺能看到这样的奇观。

这里不像莫高窟,是利用自然的悬崖,从悬崖往里开凿,像修窑洞

新疆地窝子民居建筑

似的来修石窟。这个地方没有悬崖，是一马平川，周围要么是沙漠、戈壁滩，要么是农田、草原，唯独没有山。没有山，又想造石窟怎么办？于是有人造山，且规模宏大。而另一面又挖到地下去，这个地下空间冬暖夏凉，是一个很好的居住空间和生存空间。现在兵团的人刚去的时候，也效仿了这样的做法。他们没有修建房子来住，而是建个"地窝子"，就是往地下挖一个坑，然后盖上一些芦苇、树枝，就住在里面。这跟汉地的做法很不一样。

在西大寺还有一个不得不说的涅槃佛：在一个长方形的窟的一侧修了一个灵台，灵台像一张床一样，上面头北脚南修有一尊巨大的涅槃

吉木萨尔西大寺地下涅槃殿

佛。因为这是一个军事要塞，可以想象涅槃对大家的吸引力有多大。按佛教教义，涅槃是佛修行最后达成的一个至高境界，但不等同于死亡，它是对死亡的超越。这对士兵、将军以及随时面临生死关头的人来说，都至关重要。

生死有没有区别，死亡是不是生的继续、生的升华？这些都是值得思考的。所以在吉木萨尔这个地方见到如此巨大的一尊涅槃佛像，它的意义是非同一般的。

除了这尊佛像，我们还注意到，在佛像对面的墙上绘有一幅巨大的壁画，描绘了"八王分舍利"的故事：画面中有一个身穿铠甲、神态威严的王者形象的人，身后跟着一群士兵。"八王分舍利"讲述的是什么故事呢？释迦牟尼涅槃火化后，他的舍利放到哪里，哪里就是佛教世界的中心，于是周围八个国家的人都带着军队来争夺他的舍利。而画面中

吉木萨尔——西大寺·特殊的"地下室"空间　　043

吉木萨尔西大寺地下涅槃殿壁画《八王分舍利图》

描绘的正是最强大的那支来自回鹘的军队。这幅画给了我们一个机会来了解回鹘的军队是什么样子。他们穿怎样的铠甲、用怎样的武器,他们把自己的军队画得最大、最气派,是不是也是一种歌功颂德?或者是一种力量的展示?或者是用这种方式来表达他们的信仰?

画面中最重要的位置上还画着回鹘王和回鹘王后的画像,在涅槃的画面里,加入他们的画像,一般被认为是供养人像,即整幅壁画是他们

吉木萨尔西大寺壁画回鹘王供养像

吉木萨尔西大寺壁画回鹘公主夫妇供养像

敦煌莫高窟第158窟涅槃殿壁画"各国国王王子"

供养的、出资修建的。

当然也有不同的看法，因为据佛经的描述，在佛涅槃时，周边地区的国王、王子都会来参加，见证整个火化、涅槃的过程，而他们往往会把这些参加仪式的国王画进去。比如敦煌莫高窟158窟描绘的是吐蕃占领敦煌时期的洞窟，就把吐蕃王画到了这些参与释迦牟尼丧葬仪式的各国领导人的肖像里，这些肖像还包括唐朝的帝王以及西域各国的王子。在记载中，还有其他地方是只画国王，不画王后的。而这里可能是因为国王和王后都出现了，所以被认为是供养像。试想，如果国王和王后都是来参加释迦牟尼涅槃仪式的，这幅画将变得非常独特而有趣。

吉木萨尔——西大寺·独特的《妇女往生图》和大量的"弥勒佛像"

西大寺保留了一大批壁画、彩塑、宫殿、建筑的结构,可见它在中国艺术史上有着异乎寻常的价值,而且这些壁画、造像都很有特点,很多细节都是我们在别的地方见不到的。

比如编号 E204 的壁画:在这片墙上的龛里画了一幅"弥勒经变"图,或者叫"弥勒净土变"图。图上描绘了一座天宫和一组往生的人。有意思的是在往生的人群里,又画了一个很大的莲蕾和好几个花包,莲蕾里画了一组身着唐装的女子,这些妇女用今天的话讲,叫作"抱团

吉木萨尔西大寺 E204 窟顶壁画

吉木萨尔西大寺 E204 壁画《妇女往生图》

取暖"。她们要一起去净土,去佛国世界,这是不符合佛教义理的。因为在传统的佛教义理中,妇女是不让进入西方净土的,或者说不让进入天国,怕在那里又有一些暧昧的情况发生。但在这里,这些妇女要去佛国世界其实是无所谓的。当然,这幅画主要表现的是弥勒佛的"未来世界",对往生者性别的要求没有那么严格。另外,大家到了佛国世界,应该都是新生儿、新成员,也不可能是拉帮结派或者成群结队去的。

那为什么会描绘成群结队的女子呢?因为吉木萨尔是一个军事要塞,男性通常是士兵或者军官,他们打仗的时候可能就死了、伤了,留下很多寡妇和孩子。她们又怎么生存呢?所以这些寡妇就有更强烈的愿望要到佛国世界去,而且要抱团一起去,而不是像普通墓葬里反映的夫妇二人一同去佛国世界,或西王母的昆仑山;另一个原因是,她们是以性别来划分的,一大堆无依无靠的姐妹,她们需要追求美好的生活,所以要团结起来,相互帮助,要一起去佛国世界,来世还做好姐妹,到了天国大家还可以相互帮助,可以得到最大限度地心理慰藉。

这是非常奇特的,在其他地方很少见到,甚至在敦煌、云冈、龙门石窟都见不到,这是吉木萨尔特殊的历史状况、社会结构给我们留下的一个珍贵的壁画案例,它显示出即便是宗教壁画,也是和人的生活息息相关的,包括人的心

吉木萨尔西大寺 E204 壁画《妇女往生图》

理愿望、精神追求和人实实在在的想法，所以这幅壁画不仅有极高的历史价值，更令人感动。站在壁画前我们就能体会到他们是在用心灵描绘自己的理想与追求，以及超凡的精神境界。在我们中华民族的历史上，曾经有多少家庭，有多少人做出了牺牲，贡献出他们的生命，才有了今天的中华文明。

在吉木萨尔还有一些别的塑像、壁画，比如像弥勒佛塑像，这里有许多佛龛，但龛里几乎都是弥勒佛，这是非常有意思的。为什么不是释迦牟尼呢？弥勒佛是未来佛，出现在这里有两种解释：一方面是大家把希望寄托在未来，即便现在付出牺牲，在这里耕地屯田、战死沙场，未来还是希望有一个安宁幸福、欢乐美好的世界；另一方面，这个寺院可能在武则天统治时期就创立了，而武则天自诩为弥勒佛，那这很可能是题材的延续。尽管我们现在看到的可能是唐后期、回鹘兴起之后的西大寺，但艺术、宗教的题材有时是有延续性的，前面你造过大量的弥勒佛像，现在接着造也是很有可能的。

吉木萨尔西大寺 E204 正壁彩塑弥勒像

龟兹古国——一个家族 700 多年的统治

龟兹国在今天的库车市一带，是西域 36 国中最大的一个，这个国家非常神秘，虽然它很大、很有影响力，可是相关历史记载并不清楚。

最早的记载不是汉文，而是梵文。在南亚的古文献里，有一篇文献叫《阿育王息子坏目因缘》。阿育王是公元前 3 世纪时统治印度次大陆，

龟兹古国（作者绘制）

即南亚一个帝国的国王。在这篇文献里提到了龟兹国。

印度通常历史记载很不清楚，印度的历史往往要利用我们汉文的资料来确定断代。一个文献、一个石窟、一个佛像，它的时代往往还要利用中国的访客，像法显、玄奘这些人去访问留下的记录，来作为断代的参考，但是这是一个例外。

阿育王时代的文献就提到了龟兹国，这把龟兹国的历史推到了公元前3世纪，而到了公元11世纪，关于龟兹国的记载就很难见到了。龟兹国的历史加起来应该有1400年。

当然，关于龟兹国的记载还是汉文资料最多，在我们的正史里记载的就特别多，像《汉书》《后汉书》《魏书》《梁书》《晋书》《北史》《隋书》《唐书》都有相关的记载，最早的汉文资料记载来自班超和他的哥哥——史学家班固。尽管这些资料是断断续续的，但是我们大致也能理清龟兹国的历史。

公元8—9世纪以后，龟兹国被吐蕃

龟兹故地哈拉墩原始遗址出土的彩陶片纹样

龟兹故地库车克孜尔墓地出土的彩陶釜

龟兹故地发现的原始岩画《三口之家狩猎图》

等外族统治,而在之前的700多年里,只有一个白姓王族统治着龟兹国,这在西域36国,甚至在中国历史上都是空前绝后的。龟兹国并不是一个完全独立自主的国家,它是有一个宗主国的。一开始是被匈奴人统治,后来从西汉末期到东汉,又被汉王朝统治。但汉朝实行的政策并不是把它郡县化,而是以夷制夷。当时班超把匈奴人歼灭后,就把白家人收服了,汉明帝从白家人中指定了白霸作为龟兹国的国王。但对于汉朝来讲,万里之外的西域毕竟鞭长莫及,干预得比较少。北边的匈奴以及周围的势力也都会影响和控制这里。但龟兹与内地的联系还是比较多的,所以在汉朝覆灭后,比如像魏、晋、十六国时期,它都和内地的统治政权频繁往来,进贡以示归顺。

贞观十四年，也就是公元 640 年，唐太宗发动了一次大规模的西征。他派了得力大将侯君集将龟兹国灭了，在这里建立了安西都护府，用来控制整个西域地区的各个小国。建立安西都护府后，龟兹国也是存在的，但在汉文典籍里把龟兹国称作"安西"。现在在敦煌旁边的瓜州县，在改名前一直叫安西县，但是唐朝的安西，不是安西县，而是龟兹地区。

但是，当唐朝放在这里的力量一弱，马上又有人反叛，甚至包括周围的小国，南面的吐蕃、北面的匈奴，他们又攻打过来，这样即便是在强盛的唐朝统治时期，对龟兹国的控制也都是几经易手。

在武则天之后的 100 年间，龟兹国是被安西都护府严密控制的，因此也留下了极重的唐风，在后来的考古发现里，就发现有一些完全像唐朝人修建的洞窟，比如像阿艾石窟，里边的佛像题材、供养人、供养人的汉文题记，以及天国的画法完全是唐风的。

龟兹古国是一个非常有意思的案例，这个案例可以告诉我们西域文化究竟是怎么回事。它不是一脉相承的存在，而是融合了各方元素，有匈奴的、吐蕃的，然后是更西边的罽宾国，也有现在的阿富汗、巴基斯坦，甚至是希腊、罗马传来的。

龟兹人的祖先是雅利安人，而雅利安人是来自东欧的人种。一些从龟兹国挖出来的干尸长着红头发、黄头发，还真是欧洲过来的。但在过来的途中，又跟本地人混合了，这导致龟兹语也很奇怪，不好分类。有语言学家推断龟兹语是吐火罗语演变的，但又和正统的吐火罗语有所不同，所以将正统的吐火罗语称作吐火罗语 A，而龟兹语就被叫作吐火罗语 B。也有语言学家直接就叫它龟兹语，自成一脉。

龟兹故地库车克孜尔墓地的"双层男女合葬墓"

克孜尔石窟晚期回鹘风格壁画立佛

龟兹语也是有文字的,比如我们在克孜尔的墙上就能见到龟兹语的相关题记,题记中提到了在8世纪末吐蕃占领龟兹国的事情。大概五六十年之后,龟兹国又被回鹘占领。这里的回鹘人就是现在的维吾尔族人祖先,回鹘占领龟兹国后和当地的白姓王族以及其他贵族通婚,通婚后长相就都变了,整个演变的过程被称作"回鹘化"。回鹘化的龟兹国人决定归附喀喇汗王朝,本地人也开始改信了伊斯兰教。

喀喇汗王朝也叫黑汗王朝,是阿拉伯人从西边打过来,一个在今天的喀什建立起来的王朝,他们的一个政治中心在那里。喀喇汗王朝是一个伊斯兰帝国,那么龟兹人在11世纪末就归顺了喀喇汗王朝,归顺了以后,这个国家也就消失了,之后我们再也见不到相关的记载。

龟兹古国——重建龟兹文化的生动片段

虽然龟兹国的历史断断续续,通过考古我们发现还可以重建一些龟兹国的生动片段。

我给大家举三个例子:

第一个,我们其实是知道龟兹国的都城的,它的都城在汉朝有一个汉语名字——延城,而在唐代,它又叫"伊逻卢城"。

"伊逻卢城"现在是国家重点文物保护单位。按照记载,它分成里

库车苏巴什佛寺及寺内佛塔

库车苏巴什东寺出土壁画《宫中娱乐图》

外三层,从中间到四周扩散依次是:王城、内城和外城。现在古城墙都还在。

我们还在这里挖出了五铢钱、陶罐、莲花砖,看到了夯土城墙以及龟兹国最大的佛寺——"昭怙厘大寺",这是在《大唐西域记》里记载过的,现在叫"苏巴什"。苏巴什是维吾尔语的叫法。昭怙厘大寺是以前的叫法。

我去过几次苏巴什,在这里见到了寺院的残迹,其中还有大塔,大塔有圆形的,也有多边形的。大家可能很难相信,曾经在大塔寺院的地宫里挖出一口棺材,棺材里是一具女尸,旁边还有一具婴尸。你想一个和尚庙,竟然能挖出一对母子的尸体,他们二人的身份就让人联想到很多传奇的故事,比如像龟兹国最

库车苏巴什佛寺出土的泥塑鬼神头

库车苏巴什出土的木雕龙头

有名的高僧鸠摩罗什的故事：吕光（前秦的大将）征服龟兹国后，就强迫鸠摩罗什娶了龟兹王的女儿，而这二人是否就是龟兹国的公主和她的儿子呢？

当然我最想给大家介绍的，是这个地方被日本人挖出来的另一件文物，它太精美了。20世纪二三十年代的时候，日本有一个出身贵族家庭的考古学家大谷光瑞。大谷光瑞带着一个考古队来到敦煌，也到了新疆，并且在苏巴什挖出了一件"大宝贝"——高僧舍利盒。

中国传统意义上的高僧舍利盒应该是一个严肃的、素雅的东西，装饰个莲花图案之类的。而这里出土的高僧舍利盒绘制得却极为精美，盒盖上画着四个天使，都是裸体的、带翅膀的童子形象，就跟基督教绘画里的丘比特一样。他们在奏乐，有吹竖笛的，有弹琵琶的，还有弹箜篌的，非常生动。箜篌哪里来的？通过丝绸之路从埃及传来的。更令人惊讶的是，舍利盒周围装饰了一圈跳舞的人物画，像一个化装舞会，这些

"对鸟纹样"

"弹箜篌飞天"

"弹琵琶飞天"

"吹笛飞天"

人戴着面具，有的跳舞，有的奏乐，十分热闹。他们究竟在干什么呢？有文献记载，在龟兹国流行一种风俗，在季节转换时是要庆祝的。这些画面与高僧舍利这样的主题特别不符，我就想，这究竟是为了庆祝高僧涅槃，还是当地人认为龟兹国就像一个天国一样，涅槃是值得庆祝的，然后有天使，有化装舞会呢？

在龟兹国，一会儿匈奴人打来了，一会儿吐蕃人打来了，一会儿唐朝人又打来了，僧人、俗人、商人、本地人、外国人，大家在一起虽然生活变化无常，日子过得"如朝露"，瞬间就有可能死去，但他们看破了生死。我们也可以从侧面体会到龟兹国的文化、宗教以及当地人的生活状态。

"熊面持棍舞者"

"猴子装扮者"

"持招魂幡者"

"化装舞者"

"兽面舞者"

克孜尔石窟——千佛洞的四宗"最"

佛教开窟造像是由西向东沿着丝绸之路往中国内地走的,在内地的第一站,就是敦煌石窟。那么在西域最早的成规模的大型石窟群在哪里?就在克孜尔。克孜尔石窟有两个重要的标志:第一,它是中国境内时间最早的大型佛教石窟寺;第二,它是中国境内最西端的大型佛教石窟。

克孜尔石窟外景

克孜尔石窟皇家供养人

克孜尔位于龟兹国境内,龟兹国有 1400 年的历史,其中一大半的时间是被白氏王朝统治的,白氏王朝也是克孜尔石窟最大的支持者和最高统治者。这就让我们注意到克孜尔石窟的一个非常重要的特征,就是它的皇家供养。

克孜尔石窟的皇家供养跟莫高窟很不一样。莫高窟位于汉人聚居区的最西端,属边地,也是历史上的屯田点,具有很强的边地文化特征。而克孜尔石窟是在都城旁连续开凿的大型石窟。它和我们在内地见到的

克孜尔第 205 窟龟兹国王托提卡和王后供养像

以汉族信众为基本供养人的石窟群，如麦积山石窟、龙门石窟、大足石刻相比，具有非常强的地域性特征。尽管克孜尔石窟也有一些平民的供养，造的这些东西可能也反映了一些平民的趣味，但总体来讲，克孜尔石窟的主体洞窟都是皇家窟、贵族窟。

克孜尔石窟主要反映了两种人的精神境界和宗教信仰。第一种是僧人，有很多僧人都是贵族，他们的身份地位原本就很高。克孜尔石窟反映了出家修行的僧人的宗教需求、艺术需求和艺术趣味，同时也反映了不同于老百姓的皇家趣味。

根据语言学家的研究，当时的皇家人讲梵语，这是外国话，甚至有一些东西用梵文来书写，就像俄罗斯宫廷有一段时间讲法语，而老百姓讲龟兹语。今天我们可能不会以会讲外语为荣，但是在当时的确如此。所以这里从使用的语言、穿的服饰、居住的条件和供养的石窟来看，皇家和平民都有明显的区别。我们在研究克孜尔石窟时也需要将这些考虑在内，并加以区别。

所以克孜尔石窟群最大的特点：第一，它最早；第二，它以皇家供养窟为主；第三，它的地理位置在最西端。

也因此在它的文化中融合了从更西边的天竺，即古印度以及阿富汗、巴基斯坦一带中亚地区的特点。往北路走，第一站是龟兹国，即克孜尔；往南面走，就是塔克拉玛干沙漠南面的于阗国。于阗国在南，龟兹国在北，形成了一南一北两个重要的点，而龟兹国的这个点比于阗的要大、要早。

克孜尔石窟可以说是中国佛教石窟艺术的源头，这一点在敦煌石窟

克孜尔第 175 窟壁画《六趣轮回图》(局部图)

克孜尔第 175 窟壁画《龟兹农民用坎土曼种地》

里有明显的体现。敦煌最早的那一组北凉石窟就是从龟兹国的克孜尔这一带来的高僧昙摩密多负责开凿的。克孜尔石窟直接影响了敦煌石窟中最早的一批洞窟，而这批洞窟又影响到内地的云冈、龙门这些石窟的开凿，所以石窟的源头在中国境内追来追去，追到哪里？就追到克孜尔。

克孜尔石窟——一本"装订错了的史书"

在拜城县的境内，离县城70公里左右，有一个镇就叫克孜尔镇。克孜尔镇附近大概6公里的地方就是克孜尔石窟群。

克孜尔石窟在一个河谷里，后来几乎所有的石窟都是依山面水，而克孜尔石窟的主体窟群还有一个特点——依山面水、坐北朝南。它的南边就是一条非常壮观的大河，河岸上有一座山，这座山上有一些悬崖断壁，而这些悬崖就是开凿克孜尔石窟的崖面。顺着崖面来开石窟是中国乃至整个东亚石窟群的一个主要特征。在敦煌莫高窟、榆林窟如此，甚至中原的云冈石窟、龙门石窟也是如此。可以说中国主要的石窟都有这样的格局，而克孜尔石窟就是开端。

克孜尔石窟分成4个区，谷西区、谷内区、谷东区和后山区。这4个区总共有334个洞窟，但有很多洞窟里面什么都没有留存下来，把它们排除后，带编号的石窟总共有269个。洞窟编号的标准要么有壁画，要么建筑形制还能够看得出来，要么有塑像的残迹，有研究价值，这样的窟基本都编了号。按照从左到右的顺序编排，一进窟区的第1个洞窟即1号窟，然后旁边依次是2号窟、3号窟。可是后来随着研究的深入，最初的那个窟实际上是最晚开凿的,这个编号对研究者来说很不方便。

为了弄清石窟开凿的时间,研究者对这些洞窟里的那些带有年代因素的东西,比如用木头做碳十四检测,终于整理出所有洞窟的大致时段,并分为了四个时期。

最早的时期叫"初创期",大概3世纪中到4世纪初;然后,第二个是"发展期",从4世纪中到5世纪末;然后是"繁盛期",最后是衰落期。差不多有一半的洞窟都归入了繁盛期,这是克孜尔所在地区社会

克孜尔石窟崖面洞窟分布状况

稳定、经济发达、信徒众多的一个大发展时期，时间大概是6—7世纪，就是我们中原地区的隋到唐前期，也是龟兹国相对稳定的时期，所以它造窟的数量很多，供养人和僧人也很多。这个时期，皇家大量参与供养，我们在繁盛期的这些洞窟里可以见到很多龟兹国的国王、王后的画像，他们都加入了供养。由于来往资金较大，甚至还发现了供养账本。账本是龟兹文的，里面记载了6位龟兹国王和1位王后参与克孜尔石窟供养的过程。在第205窟里还发现了一个龟兹国王的题记，国王个子很高，梳着时髦的中分头，头上还绑了个东西，后面还飘着带子，这个国王叫托提卡，旁边是他的王后斯瓦扬普拉。从图像、文字资料再到题记都印证了克孜尔皇家石窟的地位。

所有的这些洞窟，在位置选择上可能都带有一定的随机性，因为它跨越了七八百年，每个时代的人在开凿时，都会主观地选择当时最适宜的位置，他可不管旁边挨着的是哪个时代的石窟。所以有人在形容这种随机分布的石窟群时，就将其比喻为"装订错了的史书"。这里和敦煌石窟又有一些差别，敦煌石窟虽然也带有一定的随机性，但它错的不那么离谱。敦煌石窟可能以家族为单位，几个窟在一起形成一组；也可能是按时间顺序，同一时段的窟大致都在一个区域，如北魏的窟差不多就都在中间那一段。可是克孜尔石窟位置错乱得很离谱，真正的东一个、西一个。

这虽然给我们今天的研究造成了一定的困难，但它也体现了另一个现象：在不同的历史时期，不同的供养人、造窟人，他们是有不同的选择的。他们在选择位置时，可能是根据个人原因来选的。比如有的人想

克孜尔谷内区第 114 窟 "供养尼姑"

把它造得隐蔽一点，就把它藏到山里；有的人有点显摆的意思，就把它造在一个很显眼的位置，以彰显他的财力和荣耀；也有一些人为了往来方便，比如坐禅，他要经常去，就得造在一个位置相对方便的地方。

第 118 窟为什么又叫 "海马窟"？

前面提到克孜尔石窟分为初创期、发展期、繁盛期和衰落期四个时期。我们先来看看最早的一组洞窟，也就是初创期的洞窟。

初创期是在 3 世纪末 4 世纪初，属魏晋时期。这个时期大致也就五六个窟，可能还会再多一点，但由于时间早，壁画保存状况比较差，其中最重要的两个洞窟是第 118 窟和第 77 窟。

第 118 窟是一个方形窟，长 3.75 米，宽 4.88 米，高差不多 4 米，窟里绘制了壁画，做了彩塑。我们把绘有相似风格壁画的石窟与它做了比较，发现这些建筑空间都是方形的。于是把它们归到同一个时期，方形也成为这个时期的洞窟的建筑特点。这个窟曾经被德国人考察过，他们给这个窟取名为"海马窟"。好像因为他们把里边的一些形象识别成海马，因此而得名。"海马窟"的正壁，所谓正壁就是北壁，一进去就看到一幅大画，描绘的是佛传当中的一个场景，"佛传"就是释迦牟尼一生的故事，简称"佛传"。

总的来说，佛教故事划分为三类：一类叫"佛传故事"，就是释迦牟尼一生的故事；一类叫"本生故事"，就是释迦牟尼前生的故事，即他在成为释迦牟尼之前的各种故事，它原来可能是一头牛，可能是一只

第 118 窟为什么又叫"海马窟"？　　077

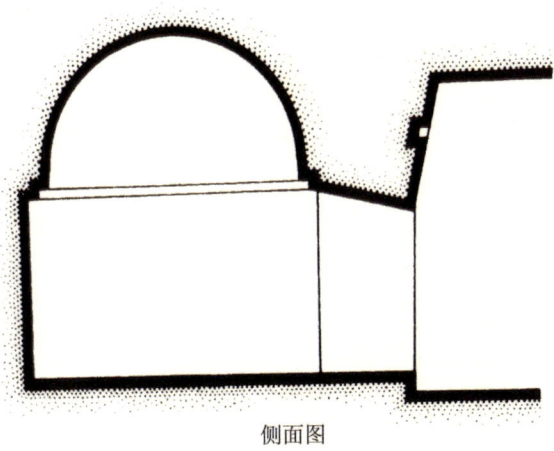

侧面图

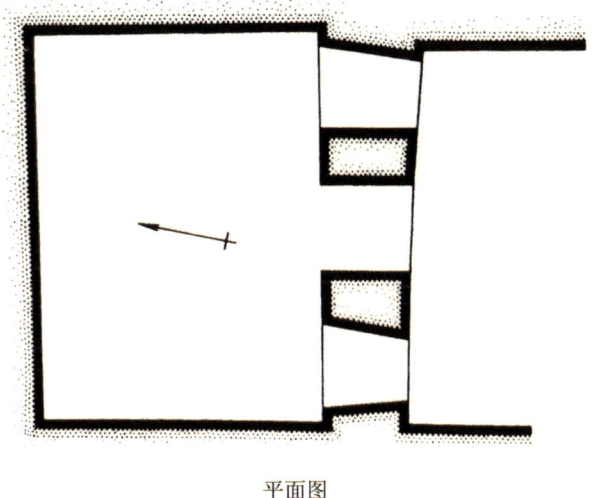

平面图

克孜尔第 118 窟侧面图、平面图

克孜尔第 118 窟正壁佛传故事《宫中娱乐图》

猴子，也可能是一个婆罗门，或者是一个国王，凡是他前生发生的故事，我们都叫本生故事，梵文叫 Jataka；还有一种故事叫"因缘故事"，主要讲因果关系的这样一些故事。

克孜尔第 118 窟正壁的《宫中娱乐图》

释迦牟尼还没出家之前是一个王子，王子的父母当然要给他提供各种优越的生活，各种享乐，让他接受最好的教育。比如像他居住的宫殿，就有四座，分为春、夏、秋、冬不同的季节居住的宫殿。

在第 118 窟正壁上描绘的情节叫"宫中娱乐"，王子的生活就是要娱乐，他要看歌舞表演，要享男女之欢。那么如何表现释迦牟尼宫中娱乐，他又以什么为"乐"呢？是否也像中国古代信仰的"食色性也"，美食、美人这样？画面中描绘的是释迦牟尼和他的妻子耶苏陀罗看歌舞表演的场景，周围还簇拥着侍女、仆人，呈现出一种奢华、享乐的氛围。坐在中间的即是释迦牟尼王子，只是表情看不太清楚。也有人推测，释迦牟尼一定是作痛苦状，尽管周围美女如云，尽管他的妻子也非常漂亮，但是他并不开心。在印度阿旃陀石窟壁画里有类似的画面，画中他的表情挺正常的，既不痛苦，也不欢喜。

在这幅《宫中娱乐图》里还画了许多裸女，比如奏乐人中就有一些裸体美人。在释迦王子旁边画了一个裸体的女性，她两手托着自己的乳房，而乳头画成了两朵花，中间有一个花蕊，装饰趣味很强。

克孜尔第 118 窟正壁《宫中娱乐图》里的"侍女"

克孜尔第 118 窟正壁的《宫中娱乐图》　　081

克孜尔第 118 窟正壁《宫中娱乐图》里的"王子表情"

克孜尔第 118 窟正壁《宫中娱乐图》里的"王子与王子妃"

我们之所以要观察得很细，就是要通过细节来揣测艺术家，怎样图解一个充满了矛盾的场景。

释迦牟尼是否享受这样一些欢愉的场景不得而知，他应该是不能享受，反而厌恶这种东西，最后出了家。

这就是一个很矛盾的情形：既要表现一个欢乐的宫中娱乐的场景，又要表现一个不开心的人，那么怎么来表现？当然要把别的这些辅助性的人物尽量画得有诱惑力，他们开心、动作生动，或者是采取各种表现手段来营造欢乐的东西来衬托释迦牟尼的无所谓。因为释迦牟尼确实是对美色不动心的。

释迦牟尼其实是一个对美挺敏感的人，审美力很强，文学修养也高。那他为什么不能欣赏这些美人？

有个故事是这样的：古时候有一个小国家，两位公主长得极为漂亮，所有的男子都会被她俩迷住，而且两个人还很嚣张，在广场上卖弄风骚，让这些男的都来膜拜。可是释迦王子走来了，高大、英俊，身上还放着光，因为他练气功，有能量，很厉害，他对这两个女孩子看都不看一眼就走过去了。这两个女孩子觉得受到侮辱，我们这么漂亮的人，你居然看都不看一眼！于是她们就挑战释迦牟尼，释迦王子很沉静地说："你们俩以为自己很漂亮，可是仔细看看，你们吃的食物在胃里现在是什么样子？肠子里有什么？"他还说，你们俩就像一个装着粪便的瓶子，难道不是吗？这么一说，大家一下子就都提不起兴致了。当然这是佛教的"不净观"，让人摒弃各种欲望，一心向佛，一心向道，接着可能通往觉悟，但这也有点极端。

之所以把这个故事跟《宫中娱乐图》联系在一起，就是要说明释迦牟尼对人体的这个观念是怎么理解的：他没有把美女当成一个美的化身。在西方传统里，画一个美女，裸体的；在克孜尔那个地方画美女，也通常是画成裸体的，人的形体都画得挺美妙。可是从释迦牟尼佛的角度看，她什么也不是，就一臭皮囊。

最初的图，是释迦牟尼自身的故事，他的宫中娱乐，反而不开心。实，释迦牟尼一生有很多故事，比如射箭，读书，这个石窟里为什么唯独把《宫中娱乐图》画这么大？画此图的目的是什么？它其实是对修行的僧人的一个启发，对出家人的警示。

这样的石窟其实和坐禅的宗教实践活动有关，一开始就这么坐着，思考，静下来，然后各种欲望逐渐消失，控制自己，解决各自乱心的问题，再看这些裸体的美人，若看后还能无动于衷，就可以静心，就可以一心向道，最后再提高修行的段位，达到一定的高度。

克孜尔早期天宫里的"美好生活"

在第 118 窟里,顶部有一个券顶,所谓"券顶"就是一个半圆形的顶。顶部残存的画很有意思。

这幅图正中间有一个长带子一样的东西,画的是天宫。天宫最后有些人升天,即获取了法力神通之后,就能够飞起来。

克孜尔第 118 窟窟顶《天宫图》

克孜尔第 118 窟窟顶太阳

克孜尔第 118 窟窟顶月亮

我们注意到这里画的太阳和月亮都是一种比较自然的形态，太阳就画成了个圆形——现在是黑色，估计原来是红的，另一端的月亮则是一个月牙。在初创期时，人们对天宫的想象就是自然中的日和月，其中还加了一些人物，即能够在空中飞行的和尚，俗称"飞和尚"——飞行比丘。画面中的这个和尚站着，一只手里拿一根锡杖，另一只手托一个钵，好像是在行走的状态。他的两个肩上冒出两团火，说明这个和尚已经达到了相当的高度，已经是圣僧了，我们将这种情况称作"焰肩佛"或"焰肩和尚"。前面画了几条蛇，称作"龙形蛇"，因为这条蛇是在水里，就是指龙王，龙王在上面干什么？——下雨。画面中还有一只"鹰"，它这有点像后来说的"金翅鸟"或"大鹏鸟"，它用两个爪子抱起一个裸体的人，也有的人说那是个猴子，它是有法力的一只鹰，但其具体的意义还需要再考证。

然后前面又来了一个和尚，这个和尚也是有焰肩的。

在这幅"天象图"两边特别有意思，两边画了一些山林，还有树木，中间是坐禅的和尚。这和尚是没有焰肩的，那么他坐禅可能就是为供养的人们做榜样，这就是坐禅应该有的样子；然后在和尚的旁边就有另外一个已经有焰肩的。整个场景有点像连环画，一开始是坐禅，然后就拿着锡杖，可以飞到天空中，成为"飞和尚"。

另一个初期窟是第77窟，这个窟里有大量的天宫伎乐，有很多西域常见的乐器，像琵琶、阮咸，还有起舞的天宫伎乐。在克孜尔的初创期，龟兹国的音乐舞蹈文化就得以在石窟中展现出来了，而且非常生动，数量也很多，现在保存得也不错。其中，描绘了一个金刚力士，一

克孜尔第 118 窟窟顶"禅定僧"

手拿金刚杵，一手拿拂尘，他的旁边画的就是奏乐的天人，比如弹琵琶的、弹箜篌的，还有各种有意思的舞蹈动作。这种舞蹈动作很多都流传了下来，现在维吾尔族舞蹈动作就有很多在第77窟里可以看到。也因此，研究音乐史、舞蹈史的人都对第77窟很着迷。

第77窟一方面说明在初创期，龟兹本地的乐舞文化就进入了石窟，并以这种特殊的方式保存下来。也说明当时的坐禅除了不净观、去色欲、向释迦学习等，还有这样一些提高本领，然后获取能量，得神通后就可以飞行，甚至跟天宫有关的内容。在敦煌，我们也能见到类似的飞和尚，获取法力得神通以后，就可以飞上去成为天宫的一部分。另一个方面，就是音乐舞蹈图像，为什么音乐舞蹈要占据这么重要的位置？它们把石窟、修行快乐化了。这里大量的天人音乐、舞蹈说明修行的过程不是一个纯粹的苦行，而是一个快乐的过程，目标也是快乐的，到了天国，就是一个美丽

克孜尔第 77 窟壁画"金刚力士"

克孜尔早期天宫里的"美好生活" 091

克孜尔第 77 窟壁画"伎乐天"

的、欢乐的地方，而你以后的生活，将会比现在好得多。这也是一种诱惑，它解释了造窟的目的是要给你希望，告诉你修行后的结果是什么，以及你以后可以过什么样的生活。

克孜尔石窟——"释迦说法"解了谁的惑?

再来看看"发展期"的石窟艺术。所谓的"发展期",它都有些什么特点呢?它的历史背景又如何呢?

发展期的洞窟大致都比较统一,以 38 窟为例,它的平面是一个长方形,它的前面有一个前室、一个主厅,主厅的后部是一个背屏,我们通常把它叫作"中心柱"。然后背屏中间是主尊像,最后有一个可供绕行的甬道。这样你可以从左边进去,右边出来,整个绕行的仪式叫作"右绕"。为什么我们从左边进去要叫"右绕"?是因为这个右绕是指"尊者之右",即指佛的右手边。顺着通道绕行,中间是一个塔,也就是所谓的"绕塔观像"。而且它的题材也相对一致。背屏,就是中心塔的正面,就是人一进去看见的那一面,一般有一个释迦牟尼像,称为"说法像",或是"禅定像",墙上泥塑的也好,贴的也好,有的时候是刻的,是须弥山,就是一个个的山包,描绘了释迦牟尼在须弥山说法的场景。与它相对的位置就是门上,一般会画弥勒天宫,其中坐着的就是弥勒菩萨。两只脚交叉的称作"交脚弥勒",然后两边有听法的天人,有音乐舞蹈庆祝的,这是一个标准的弥勒天宫,弥勒天宫又叫"兜率天宫

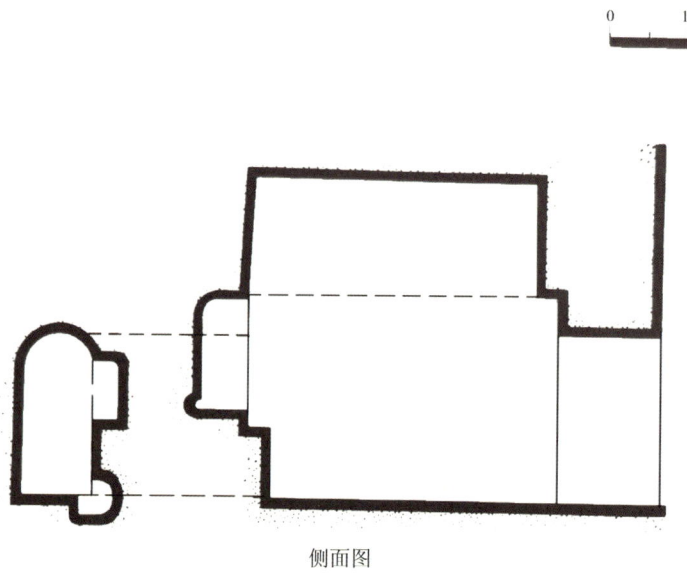

侧面图

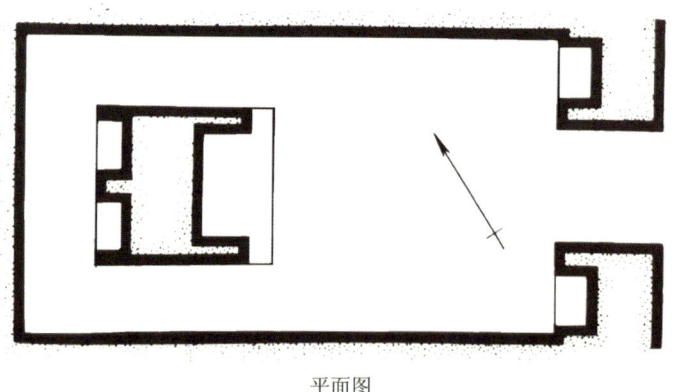

平面图

克孜尔第38窟侧面图、平面图

克孜尔第38窟内景

克孜尔第 38 窟内券顶及门上《弥勒天宫图》

(Tushita)",是弥勒做菩萨时待的地方。

弥勒的存在分为两个状态,一个是弥勒菩萨,一个是弥勒佛。弥勒做菩萨的时候,他就住在兜率天宫,这里是人往生后可能会去的地方。

弥勒天宫其实不如西方净土对普通人的吸引力大,它对什么人吸引力大呢?出家人、修禅的僧人,特别是有学问的高僧,当这些高僧有疑惑时就要找人来"解惑",通常大家都会找弥勒菩萨,因为弥勒菩萨极其聪明,但他不会主动来教你。所以,很多学问僧、高僧在涅槃后都要去往兜率天宫。他们跟弥勒菩萨聊天,找到在生前没想清楚的问题答案。但是兜率天宫其实是个临时居住的地方,弥勒不可能永远都住在那里,最后,弥勒菩萨要变成弥勒佛,要造一个弥勒世界,就是未来佛的世界。

弥勒佛是未来佛,他未来将从兜率宫天下来,在龙华树下说法三次,称为"弥勒三会",或称"龙华三会"。

弥勒做菩萨时,就住在兜率天宫,所以人往生后到了兜率天宫,在弥勒菩萨帮助下,把迷惑的问题都想清楚了,问题都得到回答。最后,就跟弥勒一起,下到未来世界。所以《兜率天宫图》里面有问法的天人,去了就不是跟普通大众一起听,而是跟天人一起听,那个段位不一样,能解决好多你生前解决不了的问题,这个是我们在第38窟里可以看到的。

我们还注意到,兜率天宫有一些栏台,像用砖砌的一些装饰得很豪华的建筑部件,这样算是表现天宫的样子。然后弥勒菩萨就在中间做说法状,大家都在听,也可以提问,它有一个互动的环节在里面。

克孜尔第 38 窟壁画《弥勒天宫图》

克孜尔第38窟壁画《弥勒思维像》

所以你一进到洞窟里，面对的是释迦牟尼，这是学习的榜样，也是遵从的对象。然后释迦牟尼的对面，出门时，那就是你要解决的问题，在兜率天宫解决。

克孜尔第 38 窟《释迦牟尼涅槃图》里的无悔追随

洞窟内部，通常在甬道的背后还有一个空间，是一面墙。墙上画着"释迦涅槃像"，有时也用雕塑的方式创作出来。在第 38 窟后面也有这样的涅槃图。

克孜尔第 38 窟后壁《释迦牟尼涅槃图》（摹本）

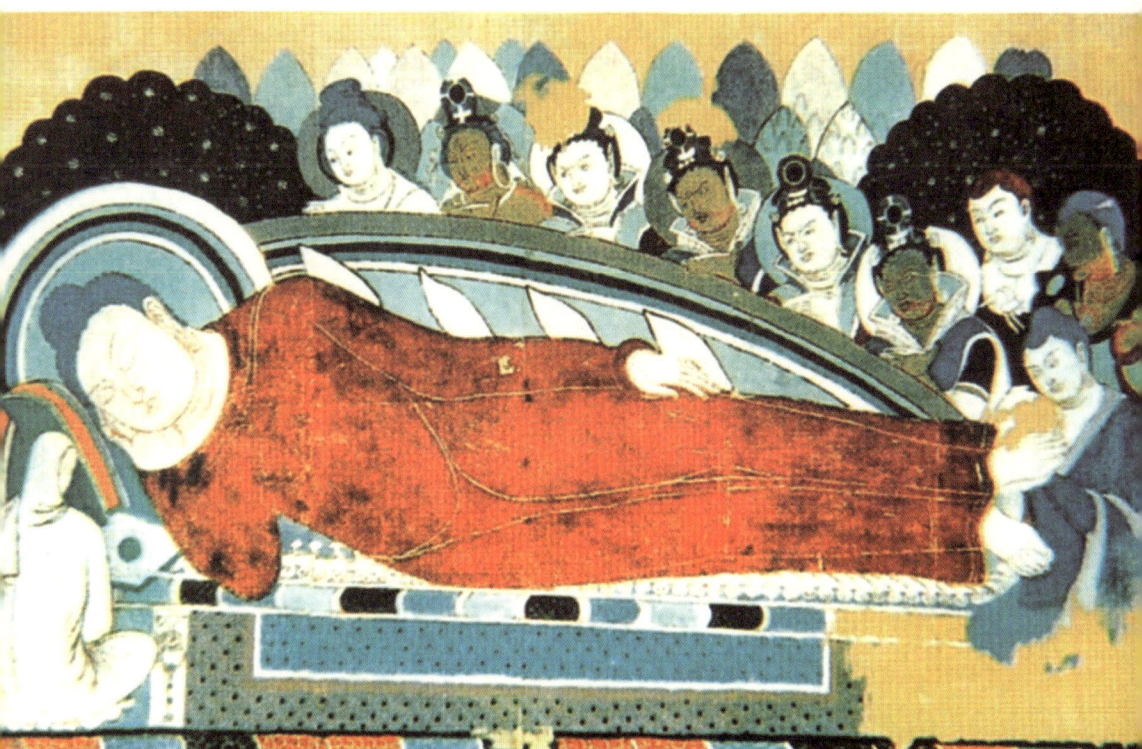

"涅槃图"一般都画得很大,占满整个墙面。它描绘的是释迦牟尼临死前,达到修行的最高境界——涅槃时的场景:画面中的释迦牟尼一手托腮,一手放置在腿上,就像睡觉一样。周围还围绕着佛弟子、菩萨、天人,他们都是来哀悼或见证释迦涅槃这一庄严的时刻。

释迦有一个叫须跋陀罗的弟子,他通常被画在释迦面前。须跋陀罗接受不了释迦涅槃,于是先把自己火化了,叫作"先佛涅槃"。还有一个比较好辨识的形象,在释迦脚的位置,有一个老和尚抱着脚哭,那人就是他的大弟子——大迦叶。释迦涅槃前,大迦叶人在外面,他一听说师父要离世了,就拼命往回赶,结果还是晚了,释迦已经逝去了,来不及跟师父道别的大迦叶痛哭不止。释迦为了安慰他,便伸出一只脚来,大迦叶一看,师父的脚出来了,就抱着这只脚大哭。

我有时在想,为什么释

克孜尔第38窟《释迦牟尼涅槃图》局部图"佛头及须跋陀罗"

迦伸出来的是一只脚,而非一只手?人死后又是如何与活着的人沟通的?例如手拉着手意味着权力的传递,师父摸弟子的头,是在给他一个"肯定",对他说"好,你以后跟着我"。而这里释迦伸出的一只脚寓意着脚印。我们有时也会说踏着先烈的脚印。这里所画的"抱着脚哭"就意味着让弟子们继承师父的衣钵,在修行的路上继续前行。

第38窟也有一个券顶,就跟之前提到的初创期一样,在正中间也画了一片"天宫带",上面有太阳、月亮、雨神、风神等程式化的东西。

在券顶两边往下的部分,画着大量的故事画,尤其是本生故事画,即释迦牟尼前生的故事。莫高窟最初的洞窟,比如北凉、北魏的洞窟也是以大量故事画著称,这正是从克孜尔延续过来的。克孜尔是中国佛教石窟的源头,如果我们要想理解中国的石窟艺术必须先了解克孜尔石窟。那么这些故

克孜尔第38窟《释迦牟尼涅槃图》局部图"迦叶抚佛足"

克孜尔第 38 窟《释迦牟尼涅槃图》

克孜尔第 38 窟《释迦牟尼涅槃图》里的无悔追随　　105

克孜尔第 38 窟券顶壁画

克孜尔第38窟券顶月亮

克孜尔第38窟券顶风神之一

克孜尔第38窟券顶太阳

克孜尔第38窟券顶风神之二

事画讲述的都是一些怎样的故事呢?

第38窟的故事画,我刚才说到它那个券顶正中是天宫条带,它其实表现的就是一个宇宙,在这儿有释迦牟尼、有未来的弥勒、有天上的日月、有风神雨神等一些天空的东西,其实我们走进一个洞窟就如同进入了一个小宇宙,这叫作佛教的宇宙观。有意思的是在天宫下来紧挨着的,就是些故事画。

第38窟的故事画下面,画了一组《天宫伎乐图》:图上有一个穹庐形的天宫建筑,下面各有两组黑、白不同肤色的音乐人,或者是舞蹈家在表演。为什么是一黑一白两种肤色呢?是不是当年的这些龟兹人里也有不少人的肤色是深色的,而不是所谓的拥有白色皮肤的雅利安人呢?那个时候确实有一些肤色很深的南亚人来到这个地方,比如鸠摩罗什的父亲就是印度人。他的父亲鸠摩罗炎原本是印度的一个宰相,后来辞官不做了,到龟兹国娶了龟兹国国王的妹妹,最后生下了鸠摩罗什。

克孜尔第38窟券顶故事画

克孜尔第 38 窟《天宫伎乐图》

同时,这些音乐人所用的乐器、所跳的舞蹈也混合了本土以及东、西方不同文化的特点。我们可以明显看出这些舞蹈动作跟中原的不太一样,跟纯粹西方的也不一样,这是非常有意思的。单凭这一白一黑的天宫伎乐就能看出龟兹文化的特点:它杂糅了本地、南亚、雅利安,还有原本从中原来的文化元素。

克孜尔石窟"本生故事画"里"牺牲"的意义

我没有办法给大家一一讲解克孜尔石窟的本生故事画，但是值得举两个例子，让大家知道这里究竟画了些什么。

第一幅本生故事画叫作"萨博燃臂救商人"，讲述的是一个商主燃烧自己手臂照明拯救他人的故事。在这个故事里，释迦牟尼前生是一个商主，所谓商主就是商人的头目。在丝绸之路上旅行做生意其实挺危险的，可能要遇到强盗和各种艰难险阻。怎么办呢？大家得抱团取暖，这时就得选一个头儿，称作"商主"。商主在西域流行语言中也叫"萨博"，他要负责把大家安全引领到要去的地方。在这幅故事画中，大家不幸迷失在一个黑暗的峡谷里。由于四周一片漆黑，什么都看不见，人们饥饿、干渴，充满绝望。于是，商主就把他的两个胳膊点燃并举了起来，他的手掌顿时被熊熊烈火包裹，双臂就像两个火炬。他举着燃烧的手臂在前面走着，大家就跟着火光往前走，最终走出了峡谷，见到了光明。

商主燃烧自己的双臂，把大家领出了黑暗，寓意自我牺牲，无私奉献。其实释迦牟尼佛为大众说法，也是为了大家而牺牲自我。他原本是一个王子，没有必要去靠乞讨为生，也没有必要牺牲自己来拯救众生。

克孜尔第38窟本生故事画《萨博燃臂图》

在这个故事里,释迦牟尼被赋予商主的名义,解释了他是如何牺牲自我拯救众生的。

另外还有一个故事特别值得注意,就是所谓的"须达拏本生"。须达拏是一个大善人,他将自己的东西捐出来帮助有需要的人,例如他穿的衣服、他的车。但是到最后他把所有的东西都捐了,仍然不能满足这些人的需求。后来甚至有一个老婆罗门(穷困的老头)跑来要他的两个儿子,他也是毫不犹豫地就把这两个儿子送给了老头做奴隶。而他的两个儿子当然不愿意了,图中描绘的就是他把他两个儿子的手捆起来,并且将绳子的一头交给老婆罗门,仿佛在说"把这两个孩子领走,去做你的奴隶"。

这个故事涉及一些伦理伦常的问题,被画在了天宫伎乐和天空中间。在敦煌也有表现这个故事的壁画。当然,最后老婆罗门又把这两个孩子带到了市场上去卖,孩子被国王的仆人买回宫,最后一家人又团圆了。我们且不说这个结局,仅卖孩子这个事情确实是个问题。孩子又不是你的财产,怎么可以贩卖呢?或许这个故事也反映了当时家庭中的一种尊卑关系。或许在当时,家中的妻子、孩子是可以被当作财产进行交换的,这也是一个值得我们思考的问题。

在龟兹国看到这个故事,我当时就很惊讶,这个地方的社会结构究竟是怎样的呢?

我们注意到在克孜尔出土的一个古代账本,其中有 6 个国王供养的记载,但是只有一个王后的记载。虽然我们见到的那些供养人像,国王、王后有时候是排在一起的,好像是比较平等的夫妻关系。另外,本

克孜尔第 38 窟本生故事画《须达拏本生图》

克孜尔石窟"本生故事画"里"牺牲"的意义   113

克孜尔第 38 窟本生故事画《舍身饲虎图》

地贵族像鸠摩罗什之流，他娶的公主，我不相信他会把他的夫人拿去贩卖，但是儿子为什么就可以卖？或许是因为鸠摩罗什有一个疼爱他的母亲。他的母亲在他很小的时候就带着他出家学习，还领着他游历。像这样的母亲，是必须得到尊重的。而这样的母亲也不会出卖自己的儿子。

龟兹的情况是不是如这个南亚故事一般呢？还有，故事与现实之间有没有直接的关系？因为须达拏故事在印度的佛教艺术里也有表现，甚至在东南亚的石窟里也有表现，比如说爪哇的大塔里就有须达拏的故事，敦煌壁画里也有这个故事。所以这个故事给我们以很多有意思的启发。

在我们汉人的传统里，强调孝子与父母的这样一个紧密关系，还是以父母爱护这个孩子为前提的。在这个故事里，父母什么都可以施舍，那是身外之物，难道儿子也是身外之物吗？儿子是不是等同于财产呢？所以克孜尔第38窟里这些故事画，除了识别它的内容之外，它背后潜藏的思想和社会观念，也是值得我们深思的。

所以，我们看第38窟，除了看它的总体布局，看它的空间结构，看它的壁画画法——各种能够眼见的这样一些物理性的存在之外，我们还应该更多地去思考它这些故事、天宫、宗教人物背后潜藏的一些含义，它可以帮助我们更深入地了解龟兹国的社会结构、历史状态、宗教信仰和文化特征。

克孜尔石窟：关于鸠摩罗什的"联想"

在克孜尔，同样重要的发展期石窟还有第114窟，它有很多非常突出的特点：

首先，它不像克孜尔其他的石窟，主要是小乘这一派的东西。在第

克孜尔石窟前鸠摩罗什像（闫玉昆雕塑作品）

114窟里，出现了一些大乘思想的东西，这也是极为奇特的，我觉得这可能和鸠摩罗什的影响有关。

鸠摩罗什本来是在龟兹学习小乘佛教，可是后来他返回他父亲的故乡印度，路过喀什的时候，他接触了大乘的东西，非常惊叹，然后开始学习大乘佛教。后来他翻译的大量佛经，基本上也都是大乘系的。这些大乘的佛经被他带到了龟兹国，后来又被汉地来的军队带到了河西、凉州，最后到了中原地区。所以鸠摩罗什本人虽然是以学小乘出身，可是他后来又转向了大乘，这里的克孜尔第114窟正好印证了这一点。

鸠摩罗什这个人非常有意思，他改变了龟兹国的佛教史，也改变了中国的佛教史，是一个非常具有传奇色彩的人物。

现在你去克孜尔，你会看到克孜尔石窟入口就杵着一座现代人制作的鸠摩罗什雕像。雕像是黑色的，我当时就很好奇，为什么要用黑色，而不是白色。我猜测是因为他的父亲是一个天竺人，也就是今天的印度人，所以鸠摩罗什本身是带有南亚血统的，拥有深色的皮肤，这才被做成了黑色。

我本人对鸠摩罗什这个人物也非常着迷，便创作了一幅《鸠摩罗什译经图》。我觉得画鸠摩罗什，不能够画成一个简单的肖像。创作时，我想象鸠摩罗什面对一张白纸，拿着一支笔，正在想事。他在翻译东西，又不仅仅是翻译，因为他面对一张白纸，在翻译的过程当中，他加入了很多他自己思考的东西，这个是非常有意思的。然后，我画了鸠摩罗什面对着三个裸体的美女。这幅画完成后，我在网上发布时就受到了一个和尚的批评，说是"污蔑高僧"。其实鸠摩罗什本人不仅结过婚，而且主动要求与美妙女子住在一起,男女之事在鸠摩罗什的生活中不是什么大事。后来有佛教徒想神化鸠摩罗什,把他描述成大众遵从的完美"圣人",这与历史上真实的鸠摩罗什相去甚远。

第114窟还有另外一个特点,就是它的供养人主要是尼姑。我们在第114窟壁画上,发现它的供养人像里有的穿着女尼的袈裟,和男性供养人很不一样。这也是龟兹、克孜尔这个地方最早的女性出家人供养像。

龟兹国的尼姑,有好多是从贵族妇女转变而来的,例如,鸠摩罗什的母亲出生于皇家,是国王的妹妹,生下鸠摩罗什后才出家为尼。那么这个第114窟跟鸠摩罗什的母亲有没有关系呢?我觉得有可能。

而且,第114窟不在外部的谷西区、谷东区,它在谷内区,藏到了

克孜尔第114窟女尼供养像

峡谷的里面，是挺隐秘的一个窟。这个窟的旁边，跟一些洞窟相通，旁边这些洞窟都是禅窟。女性出家以后，跟男性一样，也是要坐禅修行的。她们修行祈祷一个好的未来，但女性在祈祷时，面临一个男性修行者不会遇到的关口，什么关口？就是性别差异。

因为妇女不能直接进入西方净土，或者说是直接往生净土。按照佛教的说法，女性的身体是"脏"的，英文常用一个词叫作"Polluted（被污染掉的）"，即"一个肮脏的躯体"。于是女性在往生天国前就需要性别转换，变成男的。

我们在敦煌石窟的藏经洞里出土的遗书中，就显示有一个尼姑，她在抄写佛经快完成时，表达自己抄经的愿望是"愿转男身"。这意味着她想要放弃女性的身体，要变成一个男的，这是她在年轻时写下的句子。后来我们又发现一个卷子，差不多是20年以后了，还是这个尼姑，她又抄了一部佛经，并且再次表达了"愿转男身"的愿望。

克孜尔第114窟是一个中心柱窟，在窟形上并没有什么特异之处，但是它的绘画内容有了重大的变化。通常正壁的主尊像是释迦牟尼，但在这个窟里变成了一个戴着冠的弥勒菩萨。弥勒菩萨是未来佛，如果往生到他那里去，或者信奉他，死后就可以到弥勒世界去，而且他还可以"摩顶"，这叫作"弥勒授记"。授记就是给你一个记号，他摸你的头，就认可了你以后可以到未来的弥勒世界去，这就是弥勒菩萨的一个重要作用。而这些妇女寄托未来的希望，就是未来要变成男的，她们需要经过谁的手？须经过弥勒，所以女性信仰弥勒的人特别多。

小乘佛教里，一般讲的信仰是"一佛一菩萨"，主要就是信仰释迦牟尼佛和弥勒菩萨。在第114窟正壁相对的门上方有过去七佛的内容，如果我们将释迦牟尼佛（现在）、弥勒菩萨（未来）与过去七佛联系起来，它就构成了过去、现在、未来三世流动循环的概念，而这个概念其实是大乘的概念，在敦煌非常常见，在云冈也非常常见。这说明，第114窟里出现了大乘的这样一种过去、现在、未来的概念，可能就和鸠摩罗什从喀什那边带过来的新的大乘的概念有关系。所以，我认为这个第114窟和鸠摩罗什以及他的母亲可能颇有些关系。

鸠摩罗什的母亲后来出家做了尼姑，那么她在哪里做尼姑呢？她会不会到克孜尔这个皇家寺院来？我们没有直接证据，故无法证实。但是，我觉得我们不应该排除这种可能性。第114窟中心柱上弥勒菩萨主尊像显出很强的女性化特征，可能是鸠摩罗什母亲的化身。龛内本该放置佛像的地方挖出了一个方形"石棺"的凹形槽，而且刻出了盖子合缝凹槽，显然是用于安放舍利（骨灰）的地方。我们有理由推测，这个独特的设计可能是鸠摩罗什为纪念他母亲而做的，这个石头雕刻的"石棺"凹槽，也许正是安放他母亲舍利的处所，弥足珍贵。

这个洞窟的窟形基本没有明显变化，但是有一些小的地方做了调整。例如它的正厅，也就是主室的顶上，还是一个券顶，跟第38窟是一样的，可是它券顶正中的天宫那一带，是凹进去的，凿成了一个凹槽，这个是非常有意思的事情。因为一般的话，这类洞窟都是在圆弧形的拱顶上画天宫条带。为什么这个窟要把券顶中间凿一个凹槽，再来画呢？目前没有一个好的解释。那么是不是由于女性强调阴性的这样一种空间概念？不得而知，但是应该允许有这样一种联想。

在它的后室，也就是中心柱的后方，画的还是老题材，释迦牟尼涅槃图。但是，涅槃图里添加了一些细节，这些细节有一些平常不太多见，这是很有意思的。

克孜尔第 114 窟弥勒菩萨主尊像龛内的"石棺"凹槽

克孜尔石窟——什么是古人的创新?

第114窟,它虽然还是采用的一个比较标准的洞窟的形状,可是,它在细节处理包括一些传统题材的细节处理上,显示出了新的想法。包括中心柱后面的涅槃变,增加了"焚棺",而且还加了"八王分舍利"。

"八王分舍利",就是因为释迦牟尼涅槃了以后,他的尸体,他的棺材,焚烧之后有舍利出现。于是,大家都想来抢,大家都想拥有,因为拥有了释迦牟尼的舍利,好像就是佛教正统的传人,大家都得来朝拜你,这个拥有者就能得到一种政治上的优势。所以,周边国家的国王都带军队来争抢佛舍利,就叫"八王分舍利"。

这个争抢舍利的场景后来很多石窟、寺里都画,尤其是皇家供养的寺院,画"八王分舍利"的特别多。前面我们讲吉木萨尔西大寺的时候,那也是一个皇家供养的寺院,涅槃图画了很大场面的"八王分舍利",国王带着部队来抢舍利。

在克孜尔第114窟,为什么我想到鸠摩罗什的母亲?因为她也是皇家的亲属,她是国王的妹妹,如果说这个窟有她参与供养,或为她而建,那么,第114窟就肯定是皇家供养的石窟。

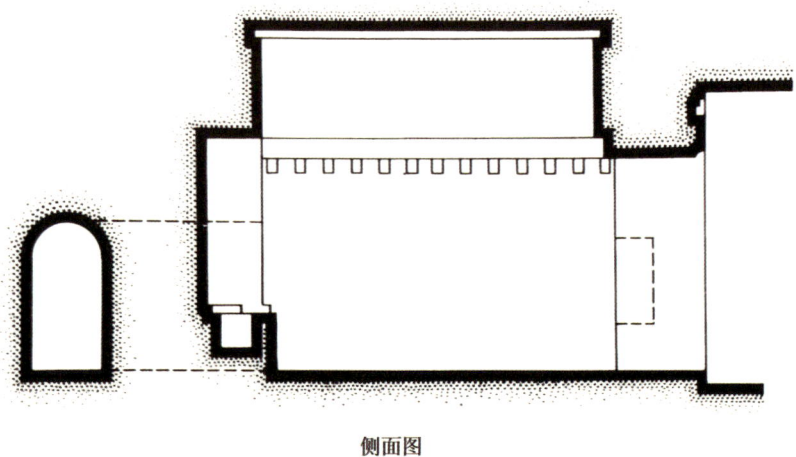

侧面图

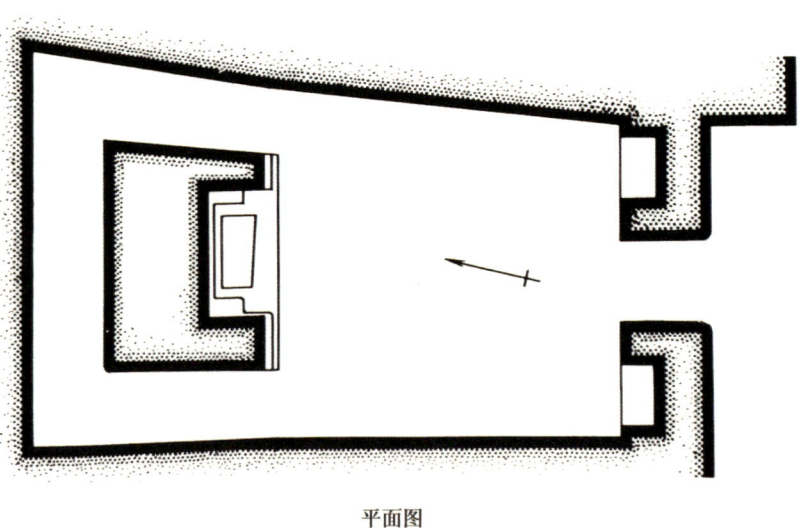

平面图

克孜尔第 114 窟侧面图、平面图

克孜尔第114窟《涅槃变图》局部图 "焚棺"

通常情况下，皇家出身的出家人，出家以后往往跟家里也长期保持着紧密的联系。如果皇家的重要成员，如国王、王后等要来石窟寺，在这个地方做功德，那么他就会先找到他的出家亲戚，他妹子在那儿做尼姑，他肯定是先找到他妹子，商量做佛事功德的细节。我们自家人来供养一个窟，你看这事怎么办？然后大家一齐商量具体事情。这个出家人就代表了他的家族在这个地方来做供养，他理解这个家族的愿望和想法。比如造多大的洞窟？主尊像选择谁？墙上需要画什么内容？这都跟家族特有的需求有关系。

所以第114窟我们越研究越觉得有意思：它可能是有皇家特性，又可能和历史人物有关系，而且，这个窟里画的内容极为丰富，有很多新内容，这可能就是鸠摩罗什和他母亲一块儿往西游学，去了喀什（疏勒），还有北印度的一些国家，他们俩一起去的，所以，他的母亲在培养他的同时，自己也学习了当地流行的佛教学说。第114窟这些新题材的出现，就可能跟他们母子都有些关系。甚至可以说，这个窟是鸠摩罗什为纪念他的母亲开凿。当然各种可能性都有，但是，我个人认为跟他们母子有关系。这一点，是我觉得特别有意思的地方。

第114窟，前面我说到它门上画了七佛，有大乘的一些观念显现。而且，墙上还画了一个新的题材——"释迦牟尼降伏六师外道"。

这也是个有意思的题材：释迦牟尼生前也有些"敌人"，他年轻的时候，说法布道也有人不服，不服就来挑战。这六师外道其实就是6个哲学门派的代表人物，这些人觉得释迦牟尼讲得不对，大家要辩论，提出各种挑战。然后释迦牟尼也要采取各种手段辩护，除了辩论，还要施点法术之类，到最后把这帮六师外道都给折服了，佛教也就"一统江湖"了。

最后这些六师外道也被画到这个窟里，而且，这些人被画得怪模怪样的，有大长腿的老者，或者是大胡子、长眉毛，各种颜色的毛发，头发胡子大多花里胡哨的。我估计这跟鸠摩罗什和他母亲去南亚地区游学见到的各种人种有一些关系。

当然，第114窟最有名的还是它顶上券顶两边的壁画。跟第38窟一样，第114窟券顶两边墙壁上也画了大批的本生故事画，内容极为丰富。特别有意思的是三个本生故事画，其内容在敦煌早期的洞窟里也有出现。所以，它又让我们联想到克孜尔第114窟和敦煌的关系，这也是

克孜尔石窟——什么是古人的创新？　　125

克孜尔第 114 窟《释迦牟尼降伏六师外道图》

克孜尔第 114 窟《释迦牟尼降伏六师外道图》(局部图)

非常值得注意的。

因为这个窟壁画内容特别多，我没有办法在这一讲里把所有的窟顶上绘制的本生故事画都跟大家逐一介绍，但是，这里我可以挑几个有意思的故事跟大家讲一下。

第一个故事，是"睒子本生"。睒子是一个孝子，这个孝子出生在一个贫穷的人家，他的父母都是盲人，需要照顾，但他又想出家。可是他出家了，父母怎么照顾？如果没人照顾，盲人父母就得死，所以睒子就把他的父母带到山里，给他们弄了两个小棚子，让他父母住在里面，他自己每天就去取水、采果子来供养他的父母。有一天，他身披鹿皮衣拿着罐子去溪边取水，遇到国王进山打猎，国王一箭把睒子给射死了。他临死之前大叫一声，说你一箭杀了三个人，这把国王给惊着了，问怎么回事？他说你把我射死了，我的父母也得死。最后，国王说你放心，你的父母我来养。然后，国王就去把他的父母接来睒子丧生处，告诉他们，说我把你们的儿子给射死了，很抱歉，以后我供养你们。但是，睒子的父母摸到他的尸体，搂着尸体大声哭喊，天神听见后，给了起死回生的神药，睒子又活过来了。

这是一个孝子的故事。孝悌观念跟小乘佛教主流概念不符，反而是跟大乘佛教，特别是跟汉人的传统概念，更有关系。

鸠摩罗什其实是有孝心的。他母亲一直照顾他，从小就带着他出家，这对鸠摩罗什的成长影响极大。因此，像这样的孝道故事出现在第114窟这个"尼姑窟"里，无论如何都让人联想到鸠摩罗什和他母亲的特殊关系。所以这个故事值得特别跟大家讲一下。

克孜尔石窟——什么是古人的创新? 127

克孜尔第 114 窟壁画《睒子本生图》

另外一幅故事画,讲述的就特别像龟兹本地的一个故事:有一个王后出城去寺院里拜佛布施,完成后回宫。在回宫的路上,她看见一个贫穷的妇女,怀里抱了一个婴儿,由于饥饿太甚,这个妇女忍不住就想把自己生的婴儿给吃了来充饥。王后一看就心生怜悯,告诉这个贫妇,你吃我的肉充饥,以此换取婴儿的生命。这个贫妇同意了,王后就把她自己的双乳割下来,施舍给贫穷饥饿的妇女吃了,拯救了婴儿一命。

这个故事本身并没有什么出奇之处,也是用自己的肉来换他人生命,这在佛经故事里是比较常见的。比如像尸毗王"割肉贸鸽"的故事,讲的就是一个国王,把自己腿上的肉割来换了一个鸽子的生命。克孜尔第114窟这幅故事画奇妙在哪里呢?就是王后,她身上哪里的肉不可以割,偏偏要把两个乳房割了?为什么?因为她把双乳一割,看起来像一个男的,胸口平坦,这样在视觉上就完成了从女性到男性的转换。在这幅故事画里,王后割了双乳,胸口变得平坦,这是转男身的一个象征。就跟我们在敦煌莫高窟藏经洞里看到的抄经尼姑前后两次表达的强烈愿望,即"转男身",是一致的。

我们在这幅壁画故事里看到的是一个王后,一个贵族妇女,想要"转男身"。而这个窟里面的主要供养人就是尼姑,完全有可能是鸠摩罗什的母亲,她的身份就类似于王后,她是国王的妹妹,所以,这个故事的选择是有特殊含义的。在别的地方我们很少见到这个故事,我们是在克孜尔的第114窟———个尼姑供养窟里看到了一个女转男身的故事。

我们研究佛教艺术时,应该怎样来分析故事画?怎样来分析壁画的潜在含义?故事画的象征性表现在哪里?我们除了考证这些壁画故事的

克孜尔第 114 窟壁画《王后割乳救贫女婴儿图》

直接内容之外，是否更应该来研究它背后潜藏着的功能和含义？

克孜尔第114窟是发展期的重要洞窟，它有超越它代表的这个时期石窟艺术的特殊价值，在克孜尔的建造史上，甚至在中国佛教思想史的研究上，都占有举足轻重的地位。

克孜尔石窟——繁盛期大量开窟的"时代背景"

克孜尔石窟繁盛期的时间概念大致是公元六七世纪,就是南北朝、隋唐这样一个时期。

这个时期,西域的局面相对稳定,龟兹国的人口、社会各方面都处于一个稳定上升的时期。即便是中原战乱的时期,他们还派人到中原王朝来上供,或者说是来联络。有时候,龟兹地区的经济政治状况比战乱的中原地区还好,中原的王朝也无力干预龟兹的政治。

在唐代初年,特别是公元640年(唐太宗贞观十四年),唐军攻占高昌国(今吐鲁番地区)。然后接着往西域腹地进军,很快占领了龟兹国,然后把这儿建成了管理西域大片区域的行政军事中枢机构——安西都护府。

克孜尔石窟的繁盛期和当地社会经济的发展繁荣大致是同步的。虽然偶尔也有一些战乱,但是它的经济能力足以支撑大规模的开窟造像活动。所以在这个时期,我们见到了大量新石窟的开凿,现存的269个洞窟里,一半以上是这个时期开凿的。所以,克孜尔的繁盛期是非常重要的一个时期。研究克孜尔石窟的历史和艺术,这个时期往往是一个研究重点。

这个时期的石窟数量众多,不仅在克孜尔这个地方有大批的新石窟修建,而且在它的周边地区,包括王城附近,又兴起了一批新的石窟,这是非常有意思的事情。

这个时期,克孜尔仍然保持着皇家寺院的地位。龟兹国最重要的皇室成员,包括国王、王后、贵族及高官显贵等,他们在克孜尔就大量地开窟造像。

来自中原内地的西域都护府的官员,唐朝的军队和普通的汉人,他们却很少在克孜尔留下痕迹。这就让我们提出另外一个问题:安西都护府设立,把龟兹国管起来了,周边的地区也打服了,也管起来了,为什么在克孜尔石窟这个地方,我们却很少见到这些汉人的影响?

我们在别的地方见到了一批有明显唐朝文化影响的洞窟壁画,比如在临近的库木吐喇石窟就有一些。当然,最有名的是大峡谷崖壁上的阿艾石窟,那里更是有完全是唐风的壁画。可是在克孜尔石窟我们却很少见到受唐朝的影响的壁画,这是为什么?

这个问题特别值得思考。虽然我对此还没有什么结论性答案,但我想强调:军事占领、行政管理和政治统治,未必就意味着把所有的文化空间都占满了,本地传统可能还有着强大的生命力和发展空间。从龟兹国的历史来看,唐朝占领龟兹地区之后,龟兹国的人口还在,名义上,龟兹国的国王也还在,他的地方政府也在,唐王朝只是管理一些重要事务而已。文化艺术还是以本地的传统为主,龟兹皇室和贵族们供养的像克孜尔这样的皇家寺院,还是不太容忍别人去染指的,因为它在本地人

克孜尔石窟——繁盛期大量开窟的"时代背景" 133

克孜尔第8窟龟兹王族供养人

心目中具有一定的神圣性。此外，皇室成员出家后大多就居住在克孜尔，所以本地政府对克孜尔的管理估计还是比较紧密的，这是克孜尔繁盛期的历史背景。

那么，在这种背景下，克孜尔新开的这些石窟，又呈现一些什么样的特点呢？

首先，它的中心柱正面，也就是人进去正对的那一面墙，上个时期的窟通常是中间开龛塑佛像，多为释迦牟尼说法像，周围是须弥山图案，最常见的是浮雕形式的连续不断堆积而成的山体。到了繁盛期，两边的山体被壁画取代了，壁画内容主要有"请佛说法"的天人。

早期洞窟里的浮塑须弥山环绕释迦牟尼说法像，给人的感觉是释迦

克孜尔第8窟伎乐天

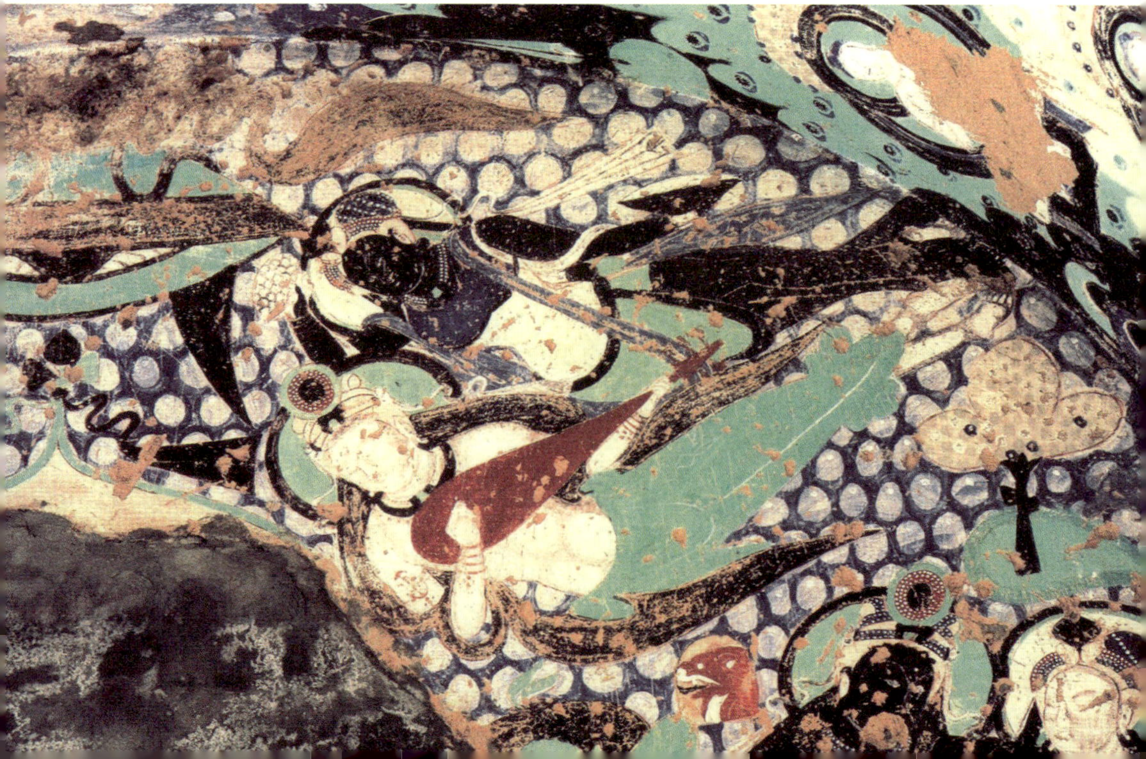

牟尼在山中"自说自话"。在繁盛期的洞窟里，释迦牟尼说法像周围是请他说法的天人，据说末法之世，释迦觉得世人信佛的心不够强了，他就到山中去修行，到石窟里去住，然后这些信众都觉得很震惊，国王又派人去，或者帝释天又派人去，虔诚地"请佛说法"。所以，繁盛期窟内正壁的"请佛说法"构图，显示出释迦牟尼有更为崇高的地位。

在繁盛期，表现"请佛说法"时，通常会描绘帝释天派乐师去佛身旁奏乐，去娱佛，然后请佛说法。所以，我们就在正壁上见到了一些新的内容，就是弹琴的乐师、献花的天人等，"请佛说法"的内容就比较多了。

这个新的题材，取代了过去比较单调的须弥山图案造型。

克孜尔为什么会有"因缘故事画"?

在繁盛期到来之前,克孜尔主要流行的故事画是什么呢?是本生故事画和部分佛传画。繁盛期突然增加了大量的因缘故事画。

前面介绍过:佛经故事分为三大类,一类就是佛传,即释迦牟尼一生的故事;第二类叫本生故事(Jataka stories),就是释迦牟尼前生的故事;还有一类故事就是因缘故事。

什么叫因缘故事?因缘故事就是讲因果关系的故事,主要用于解释因果关系,以便教化众生。

释迦牟尼在说法的时候,往往采用生动有趣的故事解释一些抽象的哲理,他是真正的讲故事高手。弟子们听佛说法一般是不会打瞌睡的,因为他喜欢讲故事,他把抽象的道理用一个个故事解释,跟你讲清楚前因后果,这个道理就很容易被人理解,让人相信。

记得我在美国教书的时候,有时学生在课堂上打瞌睡,老师要是直接跟他讲艺术怎么回事,他们基本没兴趣,所以我就跟他们讲一些因果故事,以便引起他们的关注。释迦牟尼用这样的故事来教化众生。大量因缘故事的出现,强调了释迦牟尼通过因缘故事来使人觉悟,通达人克孜尔为什么会有"因缘故事画"？

克孜尔第8窟《因缘故事画》

生。一方面表现了释迦牟尼的教化能力，另一方面也强调了观者感悟的微妙过程。

在繁盛期，克孜尔石窟对佛传故事也有大量的演绎。在上一时期，我们在佛传故事画中通常见到比较简单的几个情节，或者只有一个情节，例如第118窟正壁上的《宫中娱乐》图，就只有一个情节。同时，我们见到比较多的是《释迦牟尼涅槃图》。在新时期，壁画佛传故事加入了更多的内容，比如像"出游四门"的内容，表现人生的诸多不如意处，比如像人变老、生病、死亡等。释迦牟尼的觉悟过程，被详尽地展示出来，是繁盛期的新特点。

为什么因缘故事会增加？为什么释迦牟尼自己的故事又得以大量的演绎？即便是旧有的题材，例如释迦涅槃的场景，它也添加了很多前一个时期不常见的一些情节，显示了发展态势。

在这个大繁荣大发展的背景下，旧有的题材变得丰富起来，旧有的画法也有了技术上的创新。这个时期的石窟，各方面都有了一个新的样貌，看起来更加丰富多彩。

还有一个现象就是乐舞图像的大量出现。这时的乐舞场面是以各种面目出现的。在故事画里，有讲音乐、舞蹈的故事情节，甚至还有讲到画家的故事。天宫伎乐也好，天人奏乐、舞蹈也好，开始大量出现。当然，这和龟兹国本身有极为丰富的音乐、舞蹈传统有关系。中原经济发达地区，都曾经大量吸收过龟兹地区的音乐，称为"龟兹乐"。唐朝宫廷音乐里，"龟兹乐"是很重要的一个组成部分。

以"龟兹乐"为代表的西域"胡乐"，在唐朝前期广为流行，达官贵人大多喜好西域风格的乐舞。在京城长安，弹奏西域琵琶的人很多，几乎人人都会，这种以"胡乐"为时尚的风气是从哪里来的呢？其实就是以"龟兹乐"为代表的西域音乐和舞蹈。龟兹这个地方，曾经音乐舞蹈文化极为兴旺繁盛，而且也以各种面目出现在克孜尔繁盛期的壁画当中。虽然在佛教石窟中，这些音乐舞蹈者看起来是"天宫伎乐"，但其实他们本身就是供养人世俗生活的一部分。

供养克孜尔石窟的人身份尊贵，主要是王公贵族，包括国王、王后，他们的名字被记载在克孜尔挖出来的一件寺院保存的供养人账本里。我前面就提到过，在这本龟兹本地文字书写的账本里，记载了至少有6个国王的名字，是6代人，

克孜尔出土的木雕伎乐天（击鼓）

克孜尔出土的木雕伎乐天（弹箜篌）

克孜尔第 76 窟壁画《佛与天宫伎乐图》

算起来该有多少年？这些国王到克孜尔来供养寺院石窟，以表达他们对佛陀和僧人的崇敬和信仰。账本里还记载到一个王后，虽然王后的地位现在看来在龟兹国这个地方没有我们想象的那么高。她们往往没什么作为，主要是以供养人的身份出现，往往和国王画在一起，他们都是主要的供养人。

克孜尔石窟的"供养人"究竟长啥样？

克孜尔石窟的供养人，他们的形象究竟是什么样子呢？在账本里记载了这么多国王，他们的供养方式是怎样的？难道他们在寺院把钱一放就走了？

这些国王、王后和王公大臣们在克孜尔石窟里留下了他们的形象，是以供养人的面目出现的。但是，如果你仔细观察这些供养人像，会发现特别有意思。我给大家举几个例子，第一个例子，在7世纪也就是在繁盛期的第8号窟里，画了16身皇家供养人像。

这些供养人像的服饰极为华丽，而且身上挂了很多东西，说明他们来克孜尔供养的时候，是盛装出行，像参加盛大的节日一样，把重要的礼服都穿上。

还有一点我觉得最好奇，这些人的毛发是什么样子？他们的鼻子、眼睛都长什么样？他们是不是都姓白，都是皇族？又或者，他们是不是所谓的"龟兹雅利安人"？巧合的是，这幅壁画现在还真在雅利安人的手里，在哪里呢——被德国人给挖去了，现在在柏林的博物馆里。20世纪初，德国人把画有这16身王公贵族的壁画挖走带回了德国。现在看

克孜尔第 8 窟皇家供养人

到的彩色照片上,这些供养人还真是黄头发,看起来还真有点像德国人。为什么这些德国的考古学家对克孜尔那么着迷,难道是因为传说古代龟兹地区的人,跟德国人一样,是所谓的雅利安人?

另外在第 69 窟内还有一个现在没有被挖走的皇家供养人像壁画,但壁画尺寸不大。第 69 窟里的供养人像身份是比较明确的,他们是龟兹国王、王后和大臣。他们的身躯前倾,姿态虔诚。国王与王后均戴皇冠,都穿正规的皇家服饰,而且国王还配了一把剑。

国王和好多龟兹国的供养人一样都会配剑,他们带着的武器是有一个小弧度的弯刀,别挂在腰上。他们去主张慈悲的佛教寺庙,在庙里面对释迦牟尼，面对佛像，腰里还挂着一把刀。他们带着武器干什么呢？一般而言，进佛教寺庙是不能带刀的，带的凶器得放到外面。

由此，可以判断他们确实是皇家身份。他们戴着皇冠，他们当中有国王、王后与大臣等。通过这些可以确认克孜尔的很多石窟具有皇家窟、皇家寺院的身份。文献记载与图像资料都能说明这一点。

比如这里还有一个非常著名的案例——克孜尔第 205 窟。第 205 窟是相当于中国唐代前期 7 世纪的一个洞窟。第 205 窟的国王与王后是有名字的，有龟兹文的题名。国王叫托提卡，王后的名字叫斯瓦扬普拉芭，他们在那里供养礼佛。

有趣的是，他们前面其实是有和尚在导引的。一般来讲，和尚应该比较重要，比较高大，结果此处画了一个矮和尚，和尚比王后还要矮。为什么要表现为一个小和尚呢？大概他要突出国王与王后的重要性，让他们看起来高大。

而且特别有意思的是国王梳了一个分头，黄头发，头上缠了一根带子。我们在其他石窟里的国王或贵族头上，也能见到这样的黄或者偏红的头发以及小分头。这个是当时龟兹贵族当中挺新潮的一个流行式样，托提卡这个是最肯定的。而且托提卡之后的一个龟兹王在唐书里有记载，这对我们大致确认时间会有帮助。因为他们跟唐朝是有比较紧密来往的，有一些国王还会把儿子送到唐朝来做质子，以确保两国关系的稳定性和延续性。

除了托提卡和他的夫人之外，其实还有一些相关的题材与描述，比如在第 17 窟里也有国王、王族成员、眷属与比丘等上层统治者的画像。

克孜尔第 69 窟《龟兹国王、王后供养像》

克孜尔石窟的"供养人"究竟长啥样? 145

克孜尔第 69 窟供养人

克孜尔第 69 窟供养人

在第 192 窟，我们也可以看到三个贵族供养人。他们是黄头发、小分头，着盛装来供养。

国王托提卡一家与王公贵族的图像在繁盛期大量地出现，由此我们就知道克孜尔石窟的兴旺繁盛和皇家、贵族与王公大臣等人的供养是分不开的。一方面他们把大量的财力、物力放到了克孜尔石窟的营建和对僧侣的供养上，而这是克孜尔石窟得以繁荣的根基。另一方面，他们的信仰与主张，其实是有一定的排他性的，他们在这个地方完全占有了主

克孜尔石窟的"供养人"究竟长啥样？　147

克孜尔第205窟《龟兹王与王后供养像》

克孜尔第 205 窟《龟兹国王子与眷属供养像》

克孜尔第 17 窟龟兹贵族供养人

克孜尔第 194 窟供养人

克孜尔第186窟供养人

克孜尔石窟的"供养人"究竟长啥样？ 151

克孜尔第189窟供养人

导地位。比如他们信仰小乘，就一直信仰小乘，使这种信仰具有很强的延续性。这也导致了后来克孜尔石窟的衰落，即当皇家、王公贵族的力量大大减弱的时候，克孜尔石窟将面临一个衰落期。

龟兹古人"偏爱"用图像讲故事

克孜尔石窟是全中国所有石窟当中，也可以说全世界所有的石窟当中故事画题材最为丰富的一个石窟群。

需要相当长的时间，仔仔细细地来研究，你才能够搞清楚。它表现故事时往往是单情节的表现。你看到这个图，即使你知道这个故事，也未必都能够明白它在讲什么，未必都能明白它的故事背后又在讲什么。

佛教是一个叫作"故事大全"的宗教。印度、南亚次大陆就是一个故事的海洋。印度有一本古书，直接就叫《故事海》，它收集了各种故事。释迦牟尼又是一个讲故事的能手，记性好，而且兼容并蓄。他把各种哲学派别、宗教派别、民间传说当中的故事进行改编，它们被赋予佛教的一些内容和道理之后便成了佛经故事。

佛经故事当然不是释迦牟尼一个人想出来的，是把印度广泛流传的，甚至在别的地方广泛流传的这些故事都加进来了，因为佛教本来就是一个开放的体系。

所以后来就有几部经集中地讲到佛经故事。今天我们研究这些故事画，依据主要是《六度集经》。《六度集经》里有大量的佛经故事，因为

克孜尔第 8 窟《因缘与本生故事画》

它出现时间比较早。

所以我们也通常用《六度集经》里记载的佛经故事内容来考证壁画究竟讲了一个什么故事。另外一部经叫《经律异相》。《经律异相》里也记载了大量的故事,是考证克孜尔石窟的故事画的时候特别要用到的。当然用的最广的、最有名的经叫《贤愚经》。只有聪明的人和愚蠢的人才有故事,有故事的人才有意思、才好玩,大家才有兴趣来听。

释迦牟尼就是个有故事的人,你觉得他有意思,他能告诉你很多道理,而且他把这些道理用讲故事的方法讲出来,就能够为大家所接受,大家领悟的过程是一个愉快的过程。这些故事对南亚文学史、对中国文学史的发展都有过重大的贡献,包括《西游记》里的好多内容也跟佛教有关,这些都是克孜尔石窟故事画给我们的一些启发。所以克孜尔石窟的这些故事画有文学史、艺术史、社会史、宗教史等各方面的价值和意义,特别值得研究。这个是我们对克孜尔故事画的一个总的想法。

那么,克孜尔繁盛时期的故事画有什么特点呢?克孜尔石窟一开始,就有大量的故事画出现。前面它比较专注于两类,一个是佛传故事,这是释迦牟尼今生的故事;第二个专注于本生故事,是释迦牟尼前生的故事。

到了繁盛期,本生故事、佛传故事变得丰富起来。

但是后来，尤其是本生故事在石窟中出现的频率就开始变化了，主体部分开始有大量的因缘故事。

到了繁盛期，佛教的三大故事类别，即本生、本行（也就是佛传）和因缘就都有了大批量的形式多样的表现。有的同一个故事，在不同的时期、在不同的洞窟当中，有不同的表现手法。这是一个非常丰富、非常有趣的一个研究课题，但是也有一定的难度。

通过大家多年的努力，我们已经考证出大多数的克孜尔石窟的故事画的基本内容了，但是还有一些壁画内容你一看就是故事画，一看就知道它表达了一个故事情节，可内容究竟是什么，迄今为止我们都还没有搞懂。还有一个难点是这些故事为什么要组合在一起？因为佛经里讲到的故事成百上千。为什么这一组故事被选出来，放到一起？它们之间的关系又是什么？这是一个还没有搞清楚的问题。另外一个没搞清楚的问题是它除了佛经的道理之外，它背后还有些什么含义，这个也是我们需要研究的一个方面。再有，本生故事、佛传故事和因缘故事都是佛教的划分方法。那么它们还有没有别的划分方法？像这些故事画，我们究竟是完全得按照佛教的分类法来分类，还是我们还可以按文学类型，或者说是故事的特点来划分？比如划分成短故事、长故事、短篇小说、中篇小说、长篇小说，或者是女性故事、男性故事，再或者说是僧侣故事、动物故事。它可划分的方法还很多，那么我们是不是只能亦步亦趋地完全跟着佛教的原始划分来做呢？对此，我只是提供更多可能性的解读，在这里仅供大家参考。

就克孜尔来说，它的故事画实在是太丰富了，而且有一些故事画的内容，甚至跟教义是有一些抵触的。我们究竟应该怎样来研究克孜尔石窟的故事画，我觉得还是个值得进一步思考的问题。在这里，我希望能够通过提问的方式，打破一些既有的成见。

就像我前面讲到的，王后用她自己的双乳换取一个婴儿的性命，让贫穷的妇女吃。对这个事情，我就提到它有很多象征性的含义，其实如果我们仅从佛经内容的角度上来解读它，它可能最后就是太简单的一个故事，而且你也会错过很多重要的内容与信息。所以我觉得对克孜尔石窟故事画的研究，可能要跳出纯宗教的范围，把它引入社会学、人类学、历史学和其他一些新的领域，用一些新的方法来观察和研究，我们才能得出一些新的结论。

克孜尔石窟——故事画中
强大的"生命力"

另外一个有名的例子是在发展期的第114窟的《睒子本生》。我谈到《睒子本生》的核心概念是孝道。佛教不管大乘，还是小乘，最初对孝道都是有严重抵触的。

佛教传到中国之后，被中国传统的思想家甚至王公贵戚看成是一个不孝的宗教，受到排斥。历史上几次灭佛有一个核心的说法就是佛教徒不孝，因为他出家不认父母了，他对父母都不拜。在民国年间和之前，你要是外出了，回到家见了父母是要磕头的，甚至到宗庙里去磕头。你得有孝道，否则就要成为千夫所指的对象，在社会上无法立足。

可是佛教的出家就是出家，出家人比俗人要高贵，要有智慧，所以父母见了要拜你，跟中国传统的孝的概念有差别。中国汉地的学者研究龟兹国历史的时候，把龟兹人等叫作"化外之民"，即这些人是不孝的，是没有什么孝道概念的。但是在克孜尔早期的洞窟第114窟，我们就见到比敦煌早的《睒子本生》。敦煌到北周时候才出现《睒子本生》，虽然汉人特别注重孝道，可是引入龟兹、引入克孜尔的故事画的时候，一开始并没有引入孝道故事，也没有引入《睒子本生》，反而引入了别的。

克孜尔第212窟《弥兰因不孝出海遭难受报》

这个故事在克孜尔第114窟的出现，告诉我们在克孜尔石窟的故事画里，也有一些值得深思的现象出现。

除了《睒子本生》，它还有一个记述人不孝的故事画，出现在6世纪繁盛期的第212窟。画名叫作《弥兰因不孝出海遭难受报》。弥兰要离开他的母亲出海去寻宝，他母亲就不让他去，他的夫人与家眷也劝他不要去，但他非要去。他非要去的话就是不孝，这是违抗母命。中国有句话叫作"父母在，不远游"。你非要跑去那种有危险的地方，那就是不孝，果然弥兰就受到了惩罚，遇到海难。这幅画已经被德国人挖走了，现藏于柏林博物馆。但是不管怎么说，它是对应孝道的主题的。

《睒子本生》讲的是因为孝道，你最后即便是被射死了，却又可以活过来，这是鼓励性的；弥兰的故事，它是惩罚性的，你要不孝就要遭报应与受到惩罚。所以很明显，在克孜尔，孝与不孝也是个大事。尤其是皇家是讲究孝的，它有一个传承的关系。国王的儿子又会是国王，国王的孙子又可能是国王。如果不强调孝道，你怎么传承？白家的王位传承了700多年，离不开孝道。所以，研究敦煌的人说西域的人都不尽孝道，这个是没有道理的。在克孜尔就可以纠正这些看法。皇家是讲究血统传承的，讲孝道的，尽管和佛教的基本教义有冲突，但是他还是强调要去调和，否则和皇家的供养就有冲突。

还有一个故事叫作《大光明王骑狂象求救发道心》，在发展期的第38窟。故事讲：有一个大光明王，他喜欢骑大象，他雇了一个一流的驯象师。驯象还挺残忍的，你得打大象，纠正大象的各种不听话。最后这个驯象师真把象给驯服了，大象在各方面都很顺从。国王就去骑象，可是效果却不怎么样。大象突然发狂了，跑了。画面上，国王骑着一头象，怎么跑都收不住象，遇到树枝剐蹭，弄得遍体鳞伤。结果大光明王大怒，要把这个驯象师斩首，因为你训了这么久，说训好了，但结果把国王整得很丢人。驯象师就说，我虽然有技巧，训得了象的身体，但是我训不了象的内心。这对国王很有启发。

你能训一个人的身体，可以把一个人的身体绑住，可是他的心早已在万里之外，你就未必能控制吧。如果他的心控制了身体，你的这些驯养都是无用功。这个故事就讲到佛教是如何训心、调心的。所以克孜尔的故事画里它也有这种哲学意味，而且比较浓。

克孜尔第 38 窟壁画《大光明王骑狂象求救发道心》

到了繁盛期故事画就更多了，其中有一个故事，我觉得很有趣、很幽默，也有比较好的画面被保存下来。这个故事叫作《猴王智斗水妖》。在6世纪的第17窟。

《猴王智斗水妖》讲：有一个大的池塘，像一个井一样，圆的，水很深。这些猴子就要去喝水，刚把头探进去，结果突然就像是有人伸出来一只手把猴子拉了进去，猴子就死在了水里。因为水里有一只大头水妖，他要吃这些猴子。

结果有一个聪明的猴王，它就教这些猴子拿根竹竿，把中间掏空了，就像今天的吸管。把那空心竹竿插到水里猴子站在水边用嘴去吸，这个水妖就抓不着你了，也不会掉进去死了。然后我们就看到这画面上，周围有好几只猴子在躲着，拿个水管去吸，在中间冒出来一个妖怪的头，但妖怪却吃不着猴子了。

我当时就在想这个故事还应叫作"The Wise and the Foolish"，是"贤愚"。聪明的是猴子，愚蠢的是水妖。那么"贤愚"跟佛教有什么关系？

其实释迦牟尼、佛教或者道教，它主要还是要把人教聪明了，叫人向好向善。我觉得教人智慧，这个是故事背后的一个很有意义的道理。《猴王智斗水妖》挺有意思，今天的我们还受惠于这个故事，我们继续用吸管来吸饮料。

还有一个重要的故事——《燃灯佛授记》。这个故事在各地都很流行，在克孜尔繁盛期的艺术里有大幅的表现。《燃灯佛授记》讲述的故事还有一些别的叫法，比如叫"儒童本生"，或者是叫"儒童授记"，甚至还有

克孜尔第 17 窟壁画《猴王智斗水妖》

一些俗称叫"布发于泥",即把头发放到地上。

这个故事讲的是佛到一个村子去说法,遇到本地一个十几岁的小孩。这个小孩特别虔诚,他要去买花,来献给这个佛。结果是村里的人都信佛,大家把花都买完了,他买不着了,怎么办?他看见佛已经来了,因为刚下过雨,地下就有很多水塘、水坑、稀泥,他就把自己的长头发放到稀泥里,然后让佛从他头发上走过去,这样佛的脚就很干净。这个小孩就是未来的燃灯佛。《燃灯佛授记》,就是讲他有功德。这个故事在克孜尔石窟里有表现,而且在很多地方比如云冈石窟也有表现,而且形成传统。相传西安的佛舍利送到台湾去,台湾人在机场迎接的时候有一个仪式:100多位信佛的女居士,有头发的,大家都趴到地上,让端着佛舍利盒子的高僧从她们的头发上走过去。这个故事的影响力很大,因为它涉及女性供养。

"布发于泥"或"儒童本生"或"燃灯佛授记"是多情节串到一起的一个故事。这个故事是各方都比较能够接受的,非常有意思,它在克孜尔石窟的出现,也让我们注意到克孜尔石窟的强大影响力。在敦煌、云冈,甚至在西夏的黑水城,我们也见到这样的故事。在克孜尔见到的是比较早的故事画,它有如此强的生命力,传播到内地。

所以让我们再次思考克孜尔石窟作为中国佛教艺术起源地的影响力、地位和身份。通过故事画,我们看到克孜尔石窟的特殊价值,它为我们后来各地的佛教艺术,提供了一个丰富的源头。

克孜尔石窟——故事画中强大的"生命力" 165

克孜尔第 69 窟壁画《燃灯佛授记》

克孜尔石窟——超越宗教本身的"本生故事图"

今天我给大家讲克孜尔石窟的佛传和本生故事画。为什么要把佛传和本生故事画专门挑出来讲一讲呢？这就和克孜尔石窟的基本信仰有关了。

克孜尔石窟，我们都知道它是以信小乘为主的这样一些僧侣和供养人，大家一起造的窟，他们很长时间都信小乘佛教。

译经大师鸠摩罗什最初的师父叫舌弥，是信小乘的。他给鸠摩罗什讲的也是小乘佛教的道理，念的也是小乘佛教的一些经典。后来鸠摩罗什游历各国，在喀什学了大乘佛教，然后回到龟兹，他又推动了一下大乘，但是很快鸠摩罗什又被前秦的大将吕光给带到河西地区，后又带到内地长安去了，龟兹国也被灭了。他离开以后，龟兹国的基本信仰还是小乘佛教。所以克孜尔石窟，跟我们熟悉的敦煌、云冈、龙门等内地的石窟，研究起来有很大的差别，是因为它的基本信仰是小乘佛教，而不是大乘佛教。它有它自己的非常浓厚的地方特点。

小乘佛教有一个基本的教义，信的是"一佛一菩萨"。一佛是释迦牟尼佛；一菩萨是弥勒菩萨。内地的这些信仰后来以大乘为主，信仰的

克孜尔石窟——超越宗教本身的"本生故事图" 167

克孜尔第 114 窟《尸毗王本生图》

是千佛万佛，十方诸佛，是各种佛。它和龟兹国的小乘信仰，即信仰一佛一菩萨是不一样的。龟兹主要的信仰是一佛一菩萨，所以它的这些题材就有比较明显的局限性。释迦牟尼佛的前世就是本生故事，他的今生就是佛传故事（本行故事）。所以我们把佛传和本生故事这两类挑出来，是因为它在龟兹特别是克孜尔的石窟艺术当中扮演了最为重要的角色，是一佛一菩萨信仰的具体反映。本生故事前面我已经讲了不少了，早期、中期的都有一些介绍。可是这里我还要把两个特别的本生故事提出来讲。它是第114窟的两个本生故事，一个叫《尸毗王本生图》，另一个叫《萨埵太子本生图》。

《尸毗王本生图》讲的是释迦牟尼前世的时候，是一个国王，名叫尸毗，很有善良之心。有一只鸽子被一只饿了的鹰追逐，然后这只鸽子就来寻求尸毗王的保护，尸毗王就决定用自己的肉来换鸽子的命。屠夫即劳度差，就在他腿上割肉，割了拿去称重，结果肉不够重，然后又割肉称重还是不够。最后尸毗王没办法，只好把整个身体都跳到秤里去。

这个故事就是从忍受痛苦割肉到献出生命这样一个过程。当然结局总是皆大欢喜的，天神感动使他的身体恢复原状。这些是佛教故事的一个基本模式。但是这里它有一个很重要的点要思考——这种割肉来换的方式，

敦煌莫高窟第 275 窟《尸毗王本生图》

割哪里的肉？前面我们说到龟兹国的王后故事，她割的是她的双乳。这个时候是割了一个男性腿上的肉，来喂这只饿了的鹰。为什么是腿上的肉，不是别的地方的肉呢？比如像现在修补残缺的时候，人割屁股上的肉，但是觉得好像有点不恭敬，割腿上的肉或者胳膊上的肉也许是最干净的。

另外一个就是称秤的问题。我在美国教书的时候，有一天我收到一个电子邮件，从哪里来的呢？加州大学洛杉矶分校有一个女教授，她叫我给她提供一张《尸毗王本生图》的图片。她说她是一个历史学家，研究度量衡历史。图中那个秤，她说这就是度量衡的一个重要证据。她说这个故事在敦煌的北凉石窟里也有表现。她说那个秤是我们现在能见到的最早的秤的一个图像。

我说，我可以给你这张图片，但是，克孜尔的更早，而且跟敦煌秤还不一样。敦煌在表现这个故事的时候，用了一个人从中间提着这个秤，然后这个秤是两边要平衡，一样的长短。可是克孜尔这个秤更加科学，因为它就像我们现在用的秤一样，一头翘起来有一个坠子，秤砣吊着，然后另一头人提起来去称。其实这个是更加高明的，与其两边放一样重，还不如用两边不等的秤来称，因为它有一个计算方法。

像这些故事，它的价值远远超越了它的宗教本身说教的价值。我之所以把它挑出来，是因为它直接影响了莫高窟。敦煌现在的最早的洞窟，北凉的第275号窟里，它就画了同样的故事，就是《尸毗王本生图》。有时候也把它叫《割肉贸鸽》，割了肉来换鸽子的生命，但是画法不一样，它画成了两个挨着的长方形的构图，这样两个情节。这个是克孜尔114窟的《尸毗王本生图》的故事。

画在这个窟券顶上的另外一个故事也特别值得注意，那就是《舍身饲虎图》，即《萨埵太子本生图》。这个故事比《割肉贸鸽》或者说是《尸毗王本生图》的故事情节要多一些，复杂一些。但是说起来其实也简单：有一个叫萨埵的太子，他的全名叫摩诃萨埵，他有两个哥哥。三个人出去打猎，在他们打猎回来的路上，遇到了一只母老虎。老虎饿得

克孜尔石窟——超越宗教本身的"本生故事图" 171

克孜尔第114窟《萨埵太子本生图》

敦煌莫高窟第 254 窟《萨埵太子本生图》

奄奄一息，它刚好养了5只小老虎。可是它就没有办法去觅食，饿得要死了，它就想把刚养下的虎仔吃掉。摩诃萨埵太子见了就心生怜悯，然后他把两个哥哥给支走，自己躺在母老虎的面前，让虎吃他。可是，这个老虎太过虚弱，连咬他的力气都没有了。太子发现献身还不行，那怎么办？于是，他就捡了个竹枝，往自己脖子上戳，让他的脖子流血；然后他爬到一个山坡上，又跳到虎的面前，把身体给砸烂，使血流出来，让虎舔了血之后有了点力气，再把他吃掉。这样他就用他的生命换了这只母老虎和5只小老虎的生命，这个也是一个献身故事。因为众生平等，老虎的生命跟人的生命其实是一样重要的。这些宗教的道理倒也简单，在克孜尔第114窟里，你会看见有一个裸体的男子躺在虎的前面，也有一个他跳下来的动作。

在敦煌第254窟，有画得更加详尽的一幅《萨埵太子舍身饲虎图》，画在第254窟的南壁上。这个情节非常复杂，三个太子出行，然后弟弟跳崖、刺颈，最后饲虎，他俩哥哥回来收尸，他父母痛哭，建塔，供养，这所有的细节都画出来了，但在克孜尔就没有画出来。

所以我们注意到克孜尔的东西，虽然给其他的石窟提供了这种灵感、启发、影响和原型。可是在营建别的洞窟、别的石窟的时候，它还是有很多新的发挥。包括敦煌最早的275窟，在画同样题材的时候，也是做了一些变化的。所以一方面我们通过这两幅本生故事画，看到了克孜尔石窟作为中国佛教艺术源头的一种影响力；另一方面我们也看到不同地区的石窟，它在表现同样题材的时候，其实是做了新的选择，做了新的发挥、新的解释的。就以"舍身饲虎"为例，它在克孜尔的时候，画得就比较简单，就是菱形里画了一个跳下的场面；可是在敦煌它就画得非常复杂，非常详细。为什么呢？因为在克孜尔这个地方，它主要是给僧人画的，画给坐禅的一些僧人。他知道这个故事，看到这两个情节就像两个提示的符号一样，知道这就是萨埵太子的故事，要学习萨埵太子舍身饲虎的这样一种自我牺牲的精神，众生平等的这样一个态度，所以这里不用画那么多细节。可是到了敦煌就不一样了，因为敦煌石窟面积大，而且有很多人不一定是出家人或受过教育的出家人，有好多是普通的信众，这些信众他不一定知道这个故事，就得有更多的细节慢慢跟他讲。敦煌的洞窟它是针对大众的，而这个地方是针对小众的，这些小众是知道这个故事的，所以它就画得比较简单。

我们通过《尸毗王本生图》和《萨埵太子本生图》，大致地把克孜尔石窟作为佛教故事化的一个源头的情况和道理说了一下。然后我们再来说说佛传的表现。

克孜尔石窟和皇家息息相关的"佛传故事"

佛传的表现在克孜尔一开始就有，前面我也谈到过，比如就在它的118窟，正壁一进去就是一个佛传的情节——宫中娱乐。它是讲王子在出家之前，在宫里享受各种美食和美人。在这个地方，显然强调的是美人，裸体的女性，各种体态的都有。宫中娱乐这个场景被选为一个重要的大场面来描绘，这是很奇特的。当然，其实它反映的还是一个本质性的东西——人生之乐要有美食美人。在中国古代的说法叫作"食色性也"。这是人生之乐的两个本质性的东西。但是表现更多的，特别是后来随着时间的发展，到了发展期，比如38窟后面就画涅槃。涅槃表现的是俗世所谓的死亡，释迦牟尼死亡的状态。一个是死，死亡战胜了快乐。最后流行的是大量的释迦牟尼的涅槃像，而不是宫中娱乐。

这个是有道理的，死亡的力量永远战胜快乐的追求，这个是挺有意思的一个变化。所以我们把这两幅图放到一起来对比就清楚了。从118窟的宫中娱乐，到114窟和38窟的涅槃死亡的图像，它反映了佛教的最初的两个选择——生的快乐和死的终极觉悟。

佛传故事除了表现生之乐和死之觉悟之外，它还表现了很多其他的东西，尤其是在繁盛期，它的内容就更加的丰富。比如繁盛期的第76窟，它就表现了释迦牟尼出生的样子。释迦牟尼是怎么出生的呢？他不是像我们普通的男女交合后而形成的一个生命。他是一头白象，或者说是菩萨骑着白象来投胎，进入他母亲的身体，最后变成了这样一个生命。这就避免了一些不便于描绘的场景，他母亲就自然受孕。最后他就长大了，要出生了。这个事情又怎么避免呢？你要画释迦牟尼出生，甚至你要讲述释迦牟尼怎么出生。它讲到释迦牟尼的母亲在一个园子里，然后右手举起来抓着一根树枝，释迦牟尼就从她的腋下冒出来了，这就避免了不便。但是在描绘的时候，往往甚至腋下都不描绘，而是让他从她腰里冒出来一个小孩的头，这样就生出来了。这就是释迦牟尼诞生时候的场景。

所以我们在看这些佛传的场景的时候，常常要考虑他为什么要描绘这样的场面？为什么他要从腰里出来，而不从正常的渠道出来？在克孜尔都已经选择让他从腰里出来了。其实有一些比如像在南传佛教的云南等地，我们见到有一些描绘挺直接的。一个妇女蹲在门槛，两腿叉开，把衣服撩起来，直接有个孩子就生出来了。原始的含义就是那样子的，但是在这里，从腰里怎么生出来的？这是一个有意思的释迦诞生的情节。

另外一个情节就是释迦练剑。释迦长大了，得学习读书，不过他极聪明，过目不忘。但是除了读书，你作为一个王子，必须会武功，得练拳、练剑。在克孜尔里就画了一个他练剑的场景，提了一把剑在那练

克孜尔第 76 窟《佛传——释迦降生》

习。因为释迦是王子身份,他跟龟兹国的这些皇家供养人身份是一样的,他练剑的样子其实就是龟兹王子练剑的样子。两个陪练都提着剑,这个是他皇族的生活跟释迦生活的一个对应。

还有一个跟皇家生活有关的挺重要的场面——"降服魔女"。"降服魔女"是释迦苦修多年就要觉悟之前,魔王来干扰他,不要他成道,不要他觉悟。当然,更重要的是魔王带来了他三个美丽的女儿,来诱惑释迦。在克孜尔石窟,它对这个情节特别做了一个选择,直接就只描绘魔王的女儿来色诱释迦的状态。这画面上有一位丰满的掐着腰,很妖娆的

克孜尔第 110 窟壁画《太子习武练剑图》

女子在前面,结果释迦随便指头一指,她就变成了一个白发苍苍的老太婆。画中有意把裸体美女的这样一种诱惑性画出来,可见画家在画的时候特别强调了她的这种性感特征。这一个画面,我觉得它是特别夸张的一个情节。

还有一个情节比较多见,而且画得特别详尽,就是《八王分舍利》。前面我已经谈到了,因为这个是和国王的生活有关的,包括他的权力、军队,所以《八王分舍利》在皇家供养窟里特别常见,而且画得比较大。我们在吉木萨尔的西大寺就能见到,在克孜尔也有详尽的大场面的

克孜尔第76窟壁画《佛传——降魔变》

克孜尔第 8 窟《佛传——八王分舍利》

描绘。

  还有一个场景我想要特别讲到的,是克孜尔独有的。这是一个什么场景呢?叫《阿阇世王闷绝复苏图》。这个可能好多人还不太了解,这是释迦牟尼涅槃以后,释迦的弟子还有这些天人,都不忍心告诉最崇拜释迦、和释迦关系最好的国王阿阇世王说释迦已经死了,怕他受不了,怎么办呢?他们就给阿阇世王整了一个罐子,罐子里弄上一些香油,把国王放到罐子里面泡起来。怕他知道释迦涅槃的消息突然发热、皮肤炸裂。因为有液体包裹,皮肤不会炸。所以这个画面上有一个国王,在罐里泡着。然后有一个人特别有意思,他不是直接跟国王讲述释迦涅槃这个事,而是画了一幅画,他把这幅画展开,往国王的眼前一放,让国王慢慢看。画上有释迦牟尼出生了,从母亲腰上冒出来;然后觉悟,并开始在鹿野苑说法；最后，躺着，涅槃了。国王一下子就明白了，并且因释迦死了受不了，昏过去了，但是皮肤没有炸裂，因为他在罐子里。这个情节既幽默，又有一个强烈的情感冲突在那里。在龟兹这个地方，因为是皇家供养窟，它对表现与国王有关的故事特别有兴趣，克孜尔石窟有不少龟兹王像。阿阇世就是南亚的一个国王，他跟这些供养的国王又有什么区别？他们也是很虔诚的佛教徒，也不忍心听到释迦涅槃的消息。

所以这个画面在龟兹的克孜尔皇家石窟里，有特别的含义。你要照顾到这些国王的真正需求，国王的生命才是最重要的。释迦牟尼涅槃

克孜尔第205窟壁画《阿阇世王闷绝复苏图》

了，或者是别的什么事出现了，都不重要，因为国王的生命意味着这个国家的生存。他的生命的重要性，必须得到保障，所以用罐子把国王的生命保护起来。它在整个佛传的这些描绘里特别强调了这一幅场景，它跟历史、社会的发展其实是一脉相承的。

克孜尔石窟——《宫中娱乐图》里的外来因素

讲克孜尔和讲敦煌一样,大家都非常关注一个问题——东西方的艺术、宗教元素,是怎样交融的?东西方的研究者都对这个题目感兴趣。但是你实际去做这方面研究的时候,你会发现相当的困难、不容易,因为它这里边涉及几个层面的问题。

什么是东方?什么是西方?这个概念本身就含糊不清。而龟兹国这个地方,它在丝绸之路的北道上。从喀什往东走,沿着塔克拉玛干沙漠的北沿,走到龟兹国,然后从龟兹国再往东,最后走到敦煌,再走到中国的内地,是一个地理概念上的东西关系。但是我们知道龟兹国最早是被北边来的匈奴控制,然后它又被从南面过来的吐蕃进攻。所以龟兹国这个地方的外来因素是东西南北都有,都在这中间来融合。很难用一个东西方的因素就能概括得了这个地方的碰撞、交流。

包括敦煌也是一样。我在《中国美术报》上发表这篇文章的时候,就遇到这个问题。究竟它的因素来源是什么,可不可以叫中西艺术交流?当时我犹豫了一下,我就把它改为《敦煌早期石窟当中的国际元素》,把它含糊了。其实,它有南来北往,有各种因素在本地交融。龟兹国又何尝不是如此？这个地方的文化也是融合各地的东西，融合东西南北的要素。

但更重要的一点，它的难度在哪里呢？就在于它是经过改造，经过融合的。你可能知道中原的东西，汉地的东西，西方的东西，印度的东西，或者说北方草原的东西。可是在克孜尔，它又变了，它又不是那样子的。所以在研究它的外来的这些文化元素、艺术元素的时候，你要面临多重挑战，改造的挑战、不同方面影响的挑战、在本地是如何融合的这样一些复杂过程的挑战。

这是我们讲这个题目必须注意的问题。是从事这方面的研究，也必须注意的一个问题。当我们研究克孜尔石窟艺术的外来因素的时候，我们考虑的不应该仅仅是东西交流，是我第一个要说明的。

第二点，克孜尔这个地方存在东来西往、南来北往的各种元素，这个地方存在经过改造的，融合了本地很多因素消化之后形成的一个新的东西。所以对这些前提我们先要了然于胸，我们才能够明白，这里的外来因素从哪里来的？怎样改造的？它新的意义在哪里？这个是我想做一些说明的。我们要讨论克孜尔石窟的外来因素，我们就应该把眼界放开，但是也应该找到好的角度，选到有意思的案例，我们才能了解克孜尔石窟是怎样吸收、融合、创新外来因素，它现在的特点有哪些，我们所能看出来的特点有哪些。这个是既有趣又充满挑战的话题。

我今天就想从这样几个角度选取案例来讲一讲克孜尔石窟的外来因素。第一个案例是我们已经反复讨论到的第118窟的《宫中娱乐图》。这幅《宫中娱乐图》，前面我讲到，它是选取了释迦牟尼一生佛传当中无数个情节当中的一个，为什么要挑出来宫中娱乐这个场景来特别表现，而且要大量的裸体美人来表现他宫中享乐的方式。这就和印度已经有的这个图像颇有些关联了。

我们在印度的阿旃陀石窟就见到一幅《太子宫中娱乐图》。它的构图方式，还有人物选择，还有突出的视觉要素，和118窟都非常相像。它也是在中间画了太子斜靠在床上，是很自然的动作，然后旁边有一个比较丰满的美女，特别突出画了她的乳房。据专家的观察，这个应该是他的夫人耶苏陀罗。是不是都不要紧，因为它其实是要表现释迦为太子的时候，他这一方面的享乐方式。为什么这两幅图如此相像？中间太子稍微有点斜靠，然后有一个算是既年轻又漂亮，甚至更加性感的女性在那里出现，周围还有没穿衣服的各种宫女都围绕着他。我们可以比较肯定地说，南亚的一些旧有图式对克孜尔石窟早期的佛教艺术的造型和观念，其实是有影响的，就包括这幅《宫中娱乐图》。

为什么要选择《宫中娱乐图》来讲解？因为它传过来的、带过来的消息是比较突出的，它是被大家所接受的画面。所以我们知道它有比较直接的关联。但是本地的画家在画《宫中娱乐图》的时候，他又做了一些改造，比如像美女，她就不再是印度的那种体型，不是臀部巨大，也不是胸部呈圆形。在118窟——最早的克孜尔石窟里，虽然也是一个大场面画"太子宫中娱乐"，可是美女的美变了：一个是她体态拉长了，比较高个，而不是像印度的只是凸显她的性特征；她虽然也是托着双乳，但是把这双乳又做了一些调整——把乳头部分画成花。这样它又有一种特殊的美感在里面，这些都是我们在印度的画面里见不到的，其实

印度阿旃陀石窟壁画《太子宫中娱乐图》

不管是旧有的图式或主题，都可以继承、学习，但是在这个过程当中，它又融合了一些本地的因素、本地的趣味、本地的一些想法。这个是吸收外来因素的非常重要的一个案例。

克孜尔石窟"菱形山包"是龟兹人的招牌构图

第二个案例是克孜尔非常有名的这些故事画的画法。菱形的边框是用山的形状来画的,用这样一个形状的山包串起来,来表现这些故事画。不管是本生故事画,还是因缘故事画,它都是如此表现,这就像是克孜尔的一个招牌。提起克孜尔,大家就会说这个菱形的构图。

但它是菱形构图,不是直线,它是由山包构成的。用山包来画这样一种方式,其实它也是有源头的。

我们在汉代的画像砖里,就可以见到这种用重叠的山包来布置故事情节的一些先例。比如有一幅画像砖就是在四川发现的,在这个制盐的画像砖里,画家就把这些制盐的人弄到山包里,山包的画法跟克孜尔的非常像,一个个像馒头似的拱起来,连在一起。

而且同时期的江南地区的绘画,比如像东晋的非常有名的画家顾恺之的画《洛神赋图》,后来宋代的拷贝流传下来的。《洛神赋图》里的山形跟这个特别像,也是这样的,小山包连起来,好像形成了《洛神赋图》的边界。

把山画成一个拱形,用山的这种方式来作为边界装饰,并不是克孜

克孜尔第38窟菱格故事画"大猿本生"等

四川汉代画像砖《制盐图》

尔的一个独创。但是克孜尔把它独创为一个菱形，把山的图案画了，然后用来作为画故事画的东西。所以我觉得它可能和东面的一些旧有的图式颇有些关系，但它不再是简单地用直线来形成一个平面，用来作为一个构图的基础，而是把它创造性地做了新的处理。所以我们看到的克孜尔特有的这种用山包连环在一起来作为一个重要的构图、边框式样，你在其他的地方都看不到。我们在汉代的画像砖，还有内地的如顾恺之的《洛神赋图》，以及其他的一些墓葬里如像我们在东北地区的一些墓葬壁画里，也可以看到有画山的方式。画家把它做了新的融合、调整，虽然是一个外来的因素，我们就姑且算是东来的吧。但是你一看它这不是，又没有什么菱形构图等内容。你需要看到它的母题是从哪里来的，本地的人在处理所有的外来因素的时候都是做了调整的,都做了本地的改造和创新。如果你要坚持必须是一模一样才能看出这些因素来的话,你就僵化了,而且你永远看不到,因为他都是做了调整的,都是做了新的创造的。

这个是我们在理解克孜尔的外来因素的时候,一个重要的方法论上应该关注的方面——克孜尔的画家是怎样改造这些外来因素的,吸收、消化、融合、创新,这是他们的做法。这是非常重要的一点。

(传)《洛神赋图》(局部图)东晋·顾恺之

克孜尔石窟"日月形象"里的创新之路

另外一个特别有名的案例就是日月的表现。我们在第38窟、第118窟的顶上天宫发现,除了那些神格化的形象之外,最明显的两个标志就是日、月。日、月其实在各民族、各个传统当中早早地就被神格化了。可是我们注意到在克孜尔的天空上,它最初表现的时候其实没有被神格化,它的表现是很自然的。这里画出一个圆环,涂满了颜料。现在变黑了,原来估计应该是红的,象征红太阳。也有把太阳里画了,往四周放射的线条。用这种方式来画太阳还比较自然化、写实。

而月亮的画法,也不是画的满月,因为不想跟太阳没有区别,画家把它画成了一个月牙,然后在月牙的四周又画了十六个星星,是想告诉你其实月亮是圆的。

这其实很有创造性和观察力。这些画就表现了画家在观察月和日后的理解。但是随着信息量的增大,月亮和太阳变成了神格化的描绘方法,也突然出现了希腊罗马传统的日神和月神。为什么说它是希腊罗马传过来的一些影响?有可能是亚历山大东征的时候带过来的一些影响,也有可能是后来顺着丝绸之路再传来的,因为亚历山大东征已经是很久

 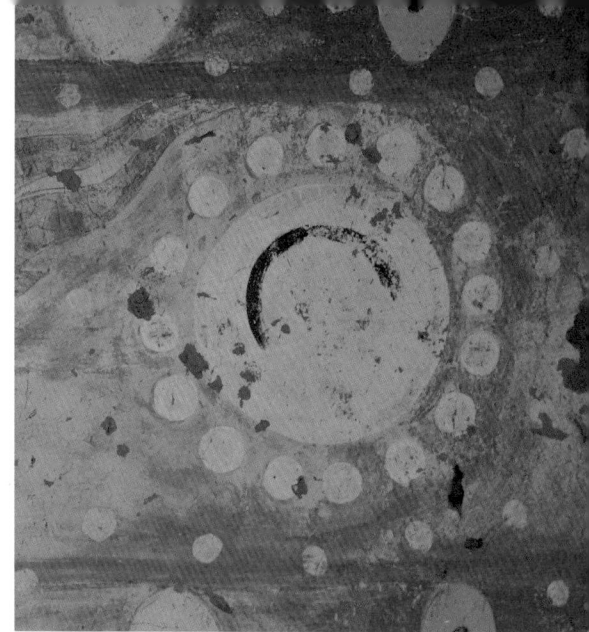

克孜尔第 8 窟顶部太阳　　　　　克孜尔第 8 窟顶部月亮

以前的事了。西方的因素其实是在持续传来的，持续顺着丝绸之路往东边走，包括日月的形象。在克孜尔新出现的日月形象，它是一个旧有模式变来的，日神和月神统一了，它不再是月亮跟太阳要有意地分开，就像我刚才说的一个画成圆的，一个画成月牙。

　　这个时候它画的是什么呢？它画的是驾着马车的，戴冠，穿着铠甲往前跑的形象。这是非常有意思的一个事情。驾着马车跑的日神和月神形象，那都是从欧洲传统、西方传统传过来的。

　　克孜尔的驾马车的这个形象还传到了敦煌石窟当中。我们在讲敦煌的时候会详细地来谈这个问题。它的两个轱辘画得特别大，有点像在中国的西北地区流行的大轱辘车，车的中间是一个小的车，然后这个人穿着铠甲跑，还有点像个战神一样在跑。它在希腊那边的名字叫什么？叫Helios，赫利俄斯，是战神。他和后来的阿波罗接到一起，所以大家都以为希腊罗马传统的太阳神是阿波罗。有专家专门做过研究，阿波罗其实不是太阳神,是后来附会上去的。月亮神也是个女神,是赫利俄斯的妹子。他的妹子叫什么?叫塞勒涅。那么他们两兄妹就是日、月,坐的是一样的马车。

有趣的是马不是向着一个方向跑的,它是左边一个马头跑,右边一个马头跑。在克孜尔还有一个特别有意思的图,它是只见马和马鞍,不见车,结果太阳神坐在马鞍上。龟兹人非常有意思,他在这个马背上搭了一块毯子,就像一个马鞍一样,坐在那边还面对观众。然后左边一个马头,右边一个马头。太阳白天出来了,它往西边跑;晚上跑回来,就得另外一头马跑过来。第2天它才又往西边跑,然后到了晚上悄悄地又跑回来。

这个是画家的处理方法,他也是这么来处理月神的。这是非常有意思的一个因素。龟兹人把西来的日神和月神做了改造,虽然他们对传来的新的图像和新的日月用神格化的观念来描绘,但是并没有照搬。因为西方人画马车往往是一个人驾着马车拉着缰绳往一个方向跑。但在这里他不能那么干,他在概念上没有办法接受这样一种战车,就往一个方向跑。他得想清楚了,他跑了,咋回来?第二天他又从哪里出来?然后他坐这个车干吗?那个车有象征性的,主要还是要看日和月。我们看到龟兹人其实对外来的这些艺术和文化因素,持一个开放的态度,他把这些外来的因素融入了克孜尔的艺术表现。但是,他又把它做了改造,而改造的方法就是他的新的理解。

就像我刚才说到日神月神的处理一样,他要把它想通了,他才做,不能照搬西方的。最初的时候,我估计龟兹人直接乘马是比较常见的,

克孜尔第 171 窟日神

克孜尔第 171 窟月神

所以在中间过渡的时候，他把它理解为你得坐到马鞍上。那个车是个什么？后来他画这个车，把那个巨大的车辀辘画成是斜的。车辀辘斜着它能转吗？它不能。虽然它是个车，它还是在天上飞，否则这样斜着的车辀辘它就转不了。所以在这些画面上我们就看到了他的理解，还有他的创新，包括他对这种山包连起来画边界的理解，他对这个马车该怎么跑，对这个日神月神该怎么走，它又怎样循环的理解、想法和在图像上的创新。这就是克孜尔艺术对外来因素的理解、融合、汇聚和创新。这个也是我们如何观察克孜尔石窟当中外来因素的一个合适的角度和理解方法。

克孜尔石窟——曾经辉煌的它 "没落"的原因

今天我来给大家讲一讲克孜尔衰落时期的艺术。

之所以这么划分,是因为到了8—9世纪,克孜尔的石窟经历了一个大发展的繁盛期,繁盛期间修建的石窟数量众多。但是到了这个时候,二百来年修了多少个洞窟呢?6个洞窟,当然跟繁盛期比起来,那简直就是很衰败了。用分期的专家的话说,克孜尔石窟在8—9世纪进入了一个衰败期。

当然这是一个很奇怪的现象。因为这个时候龟兹还在,那么为什么突然就在这个时候,不管克孜尔的事了呢?虽然还有洞窟是新建的,还重修了前面的三个洞窟。这一直是个谜,没有一个很好的解释,克孜尔石窟为什么会有一个衰败期?在同时代的龟兹国其他地方、其他石窟如库木吐喇、克孜尔尕哈、森木塞姆等,仍然在兴旺发达中。这时候的克孜尔石窟,突然开窟,零零星星的,而且它的题材很单一——画所谓的千佛。千佛中很多佛是坐在一个莲花座上,就这么禅定般坐着,成百上千的佛都一样,每一个佛穿的袈裟颜色不一样,就像图案一样来排列。所以这些佛的重要性都无法显示出来。

克孜尔第 189 窟窟顶千佛

对克孜尔石窟衰败,而龟兹国其他地区的石窟继续兴旺这样一个非常奇特的现象,现在流行一个观点是由于龟兹国这个时候开始流行大乘佛教,原来信小乘佛教、以小乘佛教为主的克孜尔石窟,受到的关注度就大大地降低。大家在都城里,或者说在其他的石窟,表现大乘的内容,而且这些庙的和尚也主要是信大乘的。所以是宗教思想和派别的演变,导致了克孜尔石窟的衰败。

这个我想有一定的道理,但是这还真不能解释克孜尔石窟停止开凿，或者说是衰败的全部原因。因为派别的争斗是由来已久的，并不是说现在才有。可是为什么克孜尔石窟一直能够坚持以小乘佛教的主题为中心，尽管其他的地方已经渗入了大量的大乘佛教的图像和图式，比如像离克孜尔不是那么远的库木吐喇石窟，在那里我们就可以见到大量的大乘佛教的一些思想内容；著名的还有大概7世纪的阿艾石窟也是这样，而且时间上比库木吐喇还略早。阿艾石窟是完全的大乘佛教，完全的、汉地的，唐风的石窟，跟敦煌石窟非常相像。从壁画内容的题材，到绘制的手法，它都非常像。所以在这种情况下，我们知道在龟兹国的范围内，大乘佛教和小乘佛教其实是并行的。小乘最集中的据点，就是克孜尔石窟。

那么它为什么在这个时候突然就衰败了？我觉得主要还是跟历史有关。到了8—9世纪的时候，龟兹国受到很大的挑战。一个是唐的力量，安西都护府让龟兹国的王室被边缘化，使龟兹王势力越来越弱。最致命的一击，我觉得是唐王朝和吐蕃人的争斗，也包括唐王朝和其他少数民族的争斗。

第一个大的变化——安史之乱。安史之乱的时候，安西都护府的兵，好多被抽调到内地去平叛，那么安西都护府的力量就弱了，所以吐蕃占领了河西走廊。吐蕃也去打龟兹国、安西都护府。他去打这边，必定会破坏掉当地的生产力并且使当地的人口大量地减少。而且吐蕃人的统治方式，跟唐朝的统治方式相比，它更加严厉——掠夺人口，掠夺财富，使龟兹的经济能力和政治管理能力大大地衰败。在这个时候，龟兹国几乎是没有能力再来维持他们专有的这种皇家石窟的。在衰败期的这些石窟里，我们从来没有见到一个王室供养人的形象。这些衰败期的石窟都极小；而且绘制单调，绘制的水平、艺术家的技艺也不高。

在这种情况下，我们就思考，这个时候克孜尔其实已经不再归龟兹王室管了。808年，吐蕃人彻底打垮了安西都护府，吐蕃人占领了龟兹地区。把安西都护府打垮了以后，龟兹王也就失去了保护伞，他不得不接受吐蕃人的统治。

吐蕃人占领敦煌和河西走廊以后，实行了一个政策——必须换装，得穿吐蕃人的服装，还有换发型。吐蕃在808年征服了龟兹地区之后，他有没有施行像他在河西地区实行的这种政策，比如强迫龟兹人换穿吐蕃服装，或者说强迫龟兹的国王也换穿吐蕃装。而且，他要求你不准使用本地的语言，你得说藏语。龟兹国的王族，原来他们说梵文，觉得很自豪，觉得是有教养，有文化。现在被强迫说藏语，那会是什么感觉？我估计这些人就逐渐失去了自我，这就为他们后来干脆主动服从伊斯兰教，主动去跟喀什这边的喀喇汗王朝投降做了铺垫。后来龟兹国也灭了，到11世纪的时候，也就没了之前的信仰。而我估计这和吐蕃人对他们的打压或和吐蕃人的这种叫作民族化的统治方式可能有关系，导致了他们没有办法再信仰自己信了几百年的小乘佛教。

克孜尔石窟作为皇家寺院，这个时候这些人已经被改造到没有这个心境，也没有财力，甚至没有这个能力，来继续开窟了。后来的所谓的衰败期石窟是别的人弄的。有一些算是普通民众，或者说是一些土地主。这些石窟不再有皇家气派，而且也不再坚持小乘佛教。所以这个时候衰败期的石窟，它画大量的大乘佛教的标志性图式——千佛。

克孜尔晚期壁画"千佛"是这里的末日狂欢

千佛是怎么一回事呢？在敦煌的北凉石窟，它几乎是全盘照搬克孜尔的佛教艺术的模式，如造窟，如修禅窟；包括故事画，如佛传和本生故事画。但是它有一个全新的东西是在克孜尔你没有见过的，大概在5世纪初，北凉石窟突然画了一批千佛，克孜尔没有画千佛。

敦煌北凉第272窟，它就画了满壁的千佛。天宫伎乐，飞天，还有弥勒佛像，除了这些在克孜尔也有的东西之外，它加入了满墙的千佛。

因为敦煌这个地方，它是比较开放的，它不像龟兹王族信仰小乘。西域传过来的东西，它都接受。而除了龟兹传过来的，它也从丝绸之路南道，即从于阗传过来的一些东西，经过吐鲁番传到敦煌，它也接受。

它并不是说只有这一种佛教或者一种佛教艺术。龟兹国那边直接来了和尚，而且都是高僧，是受龟兹王礼遇的。比如像昙摩密多，是一个从罽宾国来的和尚。罽宾国在哪里？就在帕米尔高原，是今天的巴基斯坦和阿富汗那个地区。古时候罽宾国出了好多佛教的高僧。

这里还有一个故事。国王做了一个梦，梦见说要来一个罽宾国的高僧，结果就真来了昙摩密多。所以龟兹国的国王对他非常尊敬。他停留

克孜尔晚期壁画千佛

敦煌莫高窟第 272 窟左右侧壁画大批千佛

几年之后，还想往东走，结果他就走到敦煌来了。昙摩密多到了敦煌，一样受到敦煌当地统治者的支持。敦煌当时的统治者是北凉的匈奴人，那个时候统治者接受了昙摩密多从龟兹带来的克孜尔的一些东西。可是敦煌本地它已经受到了大乘的影响。所以在第272窟里，又画了好多千佛的因素。

昙摩密多是一个禅僧，带来禅修的方法，带来克孜尔石窟已经有的一些故事，包括《尸毗王本生图》《快目王本生》。但是这个时候我们注意到敦煌出现了千佛，北魏的这些敦煌的洞窟里，满壁都是千佛。但是它和后来我们要见到的克孜尔所谓衰败期的千佛还不一样。为什么不一样？因为敦煌那个时候表现的千佛是"三世三千佛"。所谓三世三千佛，过去千佛有以前，现在千佛也有以前，未来的千佛也有以前，就叫三世三千佛。这个三世三千佛它反映的是从过去到现在、到未来这样一个概念。在唐的时候，三世三千佛的概念就变了。因为到了克孜尔的衰败期8—9世纪的时候，变成了一个当代劫千佛，即所谓的"贤劫千佛"。释迦牟尼在的时候，这个"贤劫"就是当代的一个千佛，是这样的一些图案。

然后在后来更晚的时候，就有很多题记明确讲它就是贤劫千佛。克孜尔石窟的千佛还不是原来老概念的千佛，它的千佛可能就是贤劫千佛。为什么呢？因为它讲的现在劫，也就是讲的是释迦牟尼这个时候的事情。

克孜尔即便到了所谓的衰败期，以千佛图案为主，也并不表明它就是接受了大乘佛教的一些概念。它可能选了大乘佛教里跟小乘相似的这一部分来画，这个就是我们现在在克孜尔的衰败期见到的千佛的来历。他们大乘的势力上升很快，影响力很大，这些皇族的人也没有办法来支持了。可是克孜尔这个地方小乘的传统是极为顽固的，那么信小乘的这些人，他怎么办呢，他接受大乘的一些东西，可是他只接受跟他能够相合的那一部分。由于现在贤劫千佛这一部分就是释迦牟尼时候的千佛，他们能配得上，所以就被接受了。

我前面说到了小乘佛教是一佛一菩萨，一佛是释迦牟尼佛。他们原来大量用的是本生故事和佛传故事，这个是跟释迦牟尼紧密相关的。本生是他前生的故事，佛传是他今生的故事。现在的贤劫千佛，又是他今生时候的千佛。所以在克孜尔的衰败期，大乘佛教和小乘佛教，找到了一个连接点——贤劫千佛。我们在衰败期里见到了这样一些图案，虽然它们显得相对的单调。

现在的好多艺术史家、考古学家都对衰败期的石窟不屑，一般都不去看了，讲到衰败期就一笔带过。

其实我觉得即便是衰败期的这些千佛，它也传递了重要的历史信息，我们还是要特别重视的。它的信息是什么？它就是大乘佛教和小乘佛教怎么样融合起来，怎么样找到一个连接点。

我们认识到，其实大乘也好，小乘也好，它们并不是完全分开的，它们在某些点上其实是一致的。当小乘得势的时候，它大量强调它的那一部分，不表现大乘佛教的东西；可是当大乘佛教影响力很大的时候，小乘佛教失去了王族的支持，小乘佛教也不得不找到一个妥协之路，这个妥协之路就是贤劫千佛。就是释迦牟尼时代的千佛。他们其实反映了大乘佛教和小乘佛教艺术的一个连接点，一个妥协，一个新的含义的诞生。

库木吐喇石窟——为什么说它是"不可替代"的?

龟兹地区的石窟丰富多彩,除了最大的克孜尔石窟群之外,还有好多个石窟群,其中最有名、最重要的是库木吐喇石窟。

库木吐喇石窟外景"五联洞"

库木吐喇石窟跟克孜尔石窟有一定的距离，它现在数量也不少，算是龟兹国区域内第二大的石窟群。库木吐喇石窟共有112个石窟，分布在三个区域。这三个区是怎么分的呢？分成北区，有80个洞窟；南区，有32个洞窟；还有一个区叫作丁谷山，丁谷山峡谷区里东西不多，但是还是有几个非常重要的洞窟。

库木吐喇这个名字你可能会有点好奇是什么意思，库木吐喇是一个维吾尔语发音的名字，它的汉语意思是什么呢？汉语的意思是沙漠中的烽火台。烽火台是汉朝和唐朝的军事用设施，用来通风报信的。库木吐喇虽然在龟兹国，可是它跟汉地、汉人其实颇有些关系，它连叫法都是沙漠中的烽火台。这个石窟开在一条河边上，后来还修了个水库，这条河叫木扎提河。木扎提河也有一个汉语的名称，叫渭干河。可见库木吐喇石窟这个地方特别有意思，它都是跟汉人有关，有很强烈的汉地的影响，它都不是纯粹的龟兹语，或者说龟兹人的，或者是维吾尔族人的叫法，这是它的一个重要的特点。而且我们在这112个石窟当中，也明显地看到了汉地的影响。

库木吐喇石窟壁画里有《西方净土图》，我们不妨称其为"遥远的天国"。对龟兹人来讲，他们在自己的家园附近建石窟，能叫遥远吗？当然我这里说的遥远的天国，是对汉人而言，对汉朝、唐朝的士兵、屯田的民众而言，他们到了这个离家数千里、上万里的龟兹国。他们按照自己家乡的习惯，按照内地的习惯，在库木吐喇这个地方造的石窟里画了大量的汉风或者是唐风的天国场景。因为他们想家，看到这样的天国，他们就想起家乡的样子，至少想起敦煌的样子，就像班超说的"臣

库木吐喇石窟前的木扎提河

不敢望到酒泉郡,但愿生入玉门关",也就是说到了敦煌,就算是回家了。所以我们注意到库木吐喇石窟里的壁画,尤其是唐朝安西都护府时期,有大量的壁画,跟敦煌壁画非常相像。

当然这就涉及另外一个问题,就是丝绸之路上的文化交流。艺术交流还真不是只是从西往东传。我们原来理解的佛教艺术是从西往东传,这样一种单一的模式,其实不是的。

库木吐喇石窟就给了我们一个机会来讨论中原的或者汉地的佛教艺术,怎样对西域的艺术产生了影响。它的原因是什么?传播方式如何?是不是和本地的传统有一个紧密的结合?我们在库木吐喇这个地方就可

库木吐喇第 14 窟唐风《阿弥陀经变图》

以找到一些答案,所以库木吐喇石窟在中国艺术史上、在中国文化史上有不可替代的重要价值。

库木吐喇石窟——龟兹政权更替的"发言人"

库木吐喇的研究比较多，我们现在注意到库木吐喇的分期，它的最早的石窟其实比克孜尔的第一期要晚，克孜尔的初创期是3—4世纪，而库木吐喇石窟的第一期就是5—6世纪，5—6世纪是克孜尔石窟的发展期和繁盛期的前期。

它这个时候的洞窟一开始是非常典型的，属于龟兹本地风格。从题材的选择到壁画的描绘风格，到洞窟的建筑形制如中心柱窟，然后券顶画、故事画等小乘佛教的一些题材的东西，和克孜尔都非常相像。

库木吐喇在最初建立的时候，我估计和造克孜尔石窟的差不多是同一批人。他们的弟子或者说这些供养人如王族、贵族，他们也到库木吐喇石窟来，可能觉得那边有点挤，所以两边的东西都非常像。这个是库木吐喇早期石窟，也就是5—6世纪时库木吐喇石窟的一个特点。但是在7—8世纪，相等于唐代的前期建了安西都护府。安西都护府是完全属于唐朝管理的，它的主要官员都是唐朝人，是汉人，他们带着官僚体系，带着军队到了龟兹国。克孜尔是龟兹国王族占有统治地位的一个主体的石窟，非常特别。可是库木吐喇相对来讲，它就没有像克孜尔那样。克孜尔皇族、贵族的影响力大,皇族、贵族出家的人,小乘教的一些僧侣,他们也很坚持小乘佛教,所以在这个克孜尔见到的东西,就相对要单纯得多。

可是安西都护府建立了,来了这么多的唐朝的军队、唐朝的人,他们都不愿意完全去适应龟兹国开着的这样一个石窟,需要做一个他们喜

库木吐喇第 16 窟唐风壁画飞天

欢的东西，或者他们真正信仰的是以大乘为主。

尽管我们在库木吐喇石窟也能看到一些跟克孜尔石窟壁画风格类似的壁画，但是，大唐王朝在龟兹建立的安西都护府的官员和士兵主要来自内地。唐朝的这些内地的军官、文官，还有他们的家属，这些人的信仰集中地反映到了库木吐喇石窟。这就是所谓的安西大都护府时期的石窟艺术。我们把这个时期叫作唐风洞窟期，或者有的人直接就叫安西大都护府时期。

这个时期过了之后，9世纪开始它又有了一些新的变化。这个是库木吐喇石窟的第三期。第三期特点是有了大量回鹘人的东西。为什么，因为这个地区它后来又经过了一些统治权易手的情况，比如像吐蕃人，他也在这个地区实行了他的统治，所以把这些唐风的东西扫除了很多。然后又是回鹘人占领了这个地区，回鹘人在这个地区也把他喜欢的东西大量加进来。所以在库木吐喇石窟的第三期里，我们又见到大量的回鹘风的石窟艺术。

这是库木吐喇石窟的一个总体情况，它分为三期。第一期，是所谓的龟兹国风格期，这个时候主要是按本地的老传统，和克孜尔同时期的东西非常相像。第二期就是所谓的安西大都护府期，唐风洞窟占了主流，留下的遗迹也不少。最后一个时期，即回鹘人占领期。

前面我也说到过，回鹘人后来因为和本地龟兹人通婚，逐渐地就变成了现在的维吾尔族人。原来的回鹘人逐渐消失了，也改信了伊斯兰教。在库木吐喇这个地方，它的佛教艺术也就跟着消失了。这个是库木吐喇石窟的一个总体情况。

库木吐喇第16窟壁画飞天与华盖

库木吐喇第45窟唐风壁画菩萨像

库木吐喇第 79 窟回鹘供养人

库木吐喇第 79 窟回鹘供养人与供养比丘

库木吐喇石窟——三期三会

我们还是要通过一些具体的案例来看可能就更容易明白一些。现在我跟大家举几个例子,来看它究竟具体是什么样子。

第一个窟,是第一期的第46窟。它是6世纪的一个洞窟,是西域

库木吐喇第46窟内景

式中心柱窟，和敦煌的北魏中心柱窟还有点区别，但是跟克孜尔的中心柱窟就特别像。主室像有一个背屏式的，其实是一个柱子，柱子的下半部分就开了洞。你可以绕进去，转出来。柱子的中间开了一个龛，龛里是释迦牟尼佛。券顶正中间就画天宫图，画有日月。

这个时候日月还不像克孜尔的初创期，它的日月都做成了自然形状。在库木吐喇石窟就没有。库木吐喇这个地方其实对克孜尔石窟是有一点承继关系的，它的日月形象，就是坐着大轮马车的日神、月神形象。当然这两个坐马车的日、月神形象，已经是拟人化的日、月。它戴着冠，披着铠甲，有点像战神，驾着马车奔跑，从早到晚轮回。在克孜尔这个地方，它先有了这样的形象，然后库木吐喇就直接用了，如在这 46 窟里边，我们就可以看到这样的案例。

而且画里除了驾马车的日神、月神之外，还有帝释天请佛说法，这些在克孜尔的发展期和繁盛期就出现了，现在在库木

库木吐喇第 46 窟日神

库木吐喇第 46 窟月神

库木吐喇第 23 窟日神

库木吐喇第 23 窟《迦叶皈依图》

吐喇石窟的第 46 窟也有出现。

另外一个是库木吐喇石窟第 23 窟，它也是库木吐喇的一个早期窟。它也表现了很多跟克孜尔有关的内容，但是它又有一些特别的东西。

比如这里画了一幅《迦叶皈依图》。图中一个佛像坐着，他说法的台前面有一个老人，老人跪着，在礼拜这个佛，有点投降的意思。

因为释迦牟尼的十大弟子，有一个年岁大的就是迦叶。迦叶原来是不信佛的，他是一个苦行僧，就自己苦修，他也有他的一套想法。然后释迦牟尼通过各种方法，让迦叶特别服气，迦叶最后决定成为释迦牟尼的弟子，而且迦叶最后对佛教的发展做了很大的贡献。

当然最重要的，就是第二期的唐风洞窟期，我们案例很多。一个重要的案例是第 73 窟。第 73 窟里虽然壁画都残得厉害，但是有一些细节还是看得很清楚，如在西方净土有一个细节，它表现的是"未生怨"。在敦煌，它通常被画到西方净土的

库木吐喇第73窟"未生怨"

旁边。

"未生怨"讲的是有一个国王,他没有儿子,他很想要一个儿子。国王夫妇拜了一个寓言家,寓言家跟他说:"山里修仙的仙人,他以后会投胎到你这儿来,做你的儿子,这样你不就有王子了吗?"结果他们两口子等不及了,就派人去把仙人给杀了。杀了之后,他的王后还是没有怀孕,他又去问,这咋回事?寓言家说你们太着急了,这个仙人现在他不愿意来,他已经变成了一只兔子。然后,他们又把那只兔子也给打死了,终于他夫人怀孕了,生了孩子,然后王子长大了。突然有一天王子做了一个梦,他就梦到他前世,发现是被他的父母杀了两回,就怒了。于是,他就派宫廷卫队把他父亲给关起来了,想把他父亲给饿死。

库木吐喇第 73 窟菩萨像

他母亲便偷偷地给他父亲送东西吃。她在身上的璎珞里装上一些酒浆,在身上涂上蜂蜜,然后弄上些炒面,抹在身上。他发现他父亲饿了那么多年居然没死,后来才发现他母亲在干这事儿,然后他就想杀他母亲。

在这个图里,我们看到他的卫队去抓老国王的场面,国王像一个唐朝的大官,穿着唐服在跑,然后两个当兵的就去抓国王。这就是"未生怨"的故事。像这个故事,我们在克孜尔石窟都是见不到的,是典型的敦煌的东西。

除了这个之外,我们还有 11 窟的唐风菩萨像。然后我们又有叫作"十六观"的内容,跟这个故事相接到一起的有一个场面,特别要跟大家讲一下。"十六观",它通常都是唐风的,比如一些敦煌石窟中西方净土变中间画一个西方净土,然后两边一边画"未生怨"仙人和兔子被杀的故事;另外一边就是他父母最后想不通我们对儿子那么好,他怎么会来抓人杀人。他的父母后来就去问佛怎么回事,佛就讲是因果。佛说你们前世杀了他两回,现在他关你一回,也还是公平的。佛就教他们怎么解脱,如你要观一些图像,看一些场面,然后来思维,最后通过16种观,就可以进入西方净土,就可以得以解脱。

这是一种非常有意思的汉化了的修行方式,在库木吐喇的第16窟,8世纪的典型的安西大都护府时期有这样一个"十六观"的场面,它画的就是一个像唐代的妇女。妇女就是王后,叫韦提希夫人。她盘腿而坐,然后双手合十。她就在看前面,看日落。自然规律也都是有日升日落,潮涨潮落的。日升日落,人生人死。你要明白,事情都是有因果的,都是要变化的,唯有达到涅槃,唯有进入极乐世界,你才能够得善果从而逃脱生死轮回。"十六观"其实就是观净土,看西方净土的样子,记住了这样一个形象,然后死了以后就可以往生西方净土。

所以大量的这些场面都表明库木吐喇石窟在安西大都护府时代,其实是有大量的汉人,或者说唐人参与供养,甚至他们带来了内地的艺术家参与绘制,占了一个主流的地位。这个时候虽说也还是有龟兹本地风的东西存在,但是它的主体是汉人的。龟兹风的东西留在了克孜尔,而在库木吐喇这个地方,大家算是找到了一个"Alternative",就选择了一个替代的方案。他们也要想表达自己的愿望,也要在西方净土里边留上一席之地。这个是库木吐喇给我们展现出来的。

库木吐喇第 16 窟 "十六观——日想观"

    其实在西域这个地方，在龟兹国这个地方，有不同的政治势力、宗教势力在活动，就像库木吐喇石窟，唐朝的势力消亡之后，紧跟着回鹘打来。回鹘人统治这个地区以后，也把他们的好的东西加进来。但是回鹘人已经被汉化了很多，所以我们有时候都有点分不太清唐朝的和回鹘的区别，比如说回鹘人也画大量的千佛，画这类大乘思想的东西在里面。

    所以在库木吐喇，在很大程度上它是受汉人、内地的东西影响的，和敦煌石窟的关系最为紧密。这个是库木吐喇石窟的最明显的特征。

库木吐喇石窟——为何要在这里开窟造像？

我们今天的讲题是库木吐喇石窟两个新窟的发现。

我在前面讲库木吐喇石窟的时候，把它的总体风貌给大家做了一个概括总结，特别讲到它的第一期，也就是所谓的龟兹石窟风格时期，它和克孜尔非常相像，主体的洞窟也都是所谓的中心柱窟，有券顶，券顶正中就画天宫，两边画故事画，后面有甬道可以走。建筑形制、壁画题材、艺术风格和其他方面都和克孜尔窟的发展期和繁盛期初期的石窟特别相像。所以给人的印象是这是同一伙人、同一伙艺术家来做的。

库木吐喇石窟外景

如果真是如此，问题来了，他在克孜尔做得好好的，跑库木吐喇来干吗，为什么要新起炉灶？难道就是像我们现在想象的那个地方没有空间了，到这儿来修？其实不是那样子的，因为在这之后在克孜尔还修有大量的洞窟。他们怎么又有地儿可修了？这个问题就特别令人好奇。我一直在想一定有什么事情发生，就带着这个疑问去库木吐喇。看过克孜尔，我先去找克孜尔的研究所的所长，还有一些研究员。他们说你去看看库木吐喇石窟，然后他们派了一个研究员陪着我去库木吐喇石窟。

去库木吐喇很不容易。我们包了一个车往那边，开到半路我说，库木吐喇远不远？有点远。有没有研究所的人在那守着？一个维吾尔族老汉在那守着，老汉叫亚森。

亚森把钥匙拿出来，"每一个洞窟你都能看。"把库木吐喇石窟的洞窟看了之后，我就问："亚森，还有没有最精彩的？"老爷子说有，有两个新窟，叫"新1窟""新2窟"。我说为什么是"新窟"，难道你们新开了个洞窟，又去画了壁画，他说不是，这就在20世纪70年代初兴修水利的时候，偶然挖出来的两个洞窟，这两个洞窟还保存得很好。我说这两个窟必看，我看了才发现我们应该是找到一些答案了。为什么在克孜尔发展期和繁盛期做得好好的，要在库木吐喇这个地方来另起炉灶，因为有一些人从喀什那个地方，就像鸠摩罗什那样子的僧人，他们在喀什那个地方学了大乘佛教的东西，带回了龟兹，可是受到以克孜尔石窟为主体的小乘佛教这些僧侣的排斥，他们需要一个新的地方来修，除了照着克孜尔那边弄的东西之外，他们把一些自己新的想法也在这个地方表现了出来,就在"新1窟""新2窟"。

后来大概在2007年,在我带着耶鲁大学的教授和研究生一起去看这个地方的时候,我就特别提出来,我们得看"新1窟""新2窟"。7月初了,我们穿着拖鞋蹚过一条河,我们就发现水还冷得厉害,很刺骨。然后你蹚过这条河,在谷口就有两个入口,入口进去就是"新1窟""新2窟"。它的那个位置比较偏。

即便是你说这些人到了库木吐喇,已经不在克孜尔了,他就是要建

库木吐喇新2窟窟顶壁画

这种纯粹大乘佛教的东西，但是他得找一个比较隐蔽的地方。而且你感觉进"新1窟""新2窟"是要走一个地道似的。它甬道比较长，里边黑乎乎的。光线是照不进去的，它是藏起来的。

库木吐喇新发现：龟兹也有"大乘"

我怀疑这两个窟之所以被埋起来了，是有意的，可能他们觉得跟主流不和，大乘的这些东西、和尚又往中国内地去了以后，当地人其实是可能把这两个洞窟就给埋起来了。这也就是为什么它们直到20世纪的70年代才被发现，才被挖出来，才成了"新1窟""新2窟"。

佛门一脉，佛教一家，为什么要分大乘小乘，龟兹国为什么以小乘为主？喀什作为一个大乘佛教的中心，除了对丝绸之路、南线，然后到吐鲁番、到敦煌影响之外，那么它与北线像以小乘佛教为主的龟兹国，它有什么关系？因为我们知道这些佛教的僧侣、高僧他们是要旅行的，比如像鸠摩罗什他们就要往西边去，到喀什，他们就会接触到大乘佛教的东西，大乘小乘就都接触了。而且印度的、罽宾的，比如现在巴基斯坦、阿富汗一带的人，犍陀罗的那些佛教僧侣，他们要到东边来，他们有两条道，有的人走了北线就走到龟兹国，就到了小乘佛教的中心。龟兹都城里有大寺庙——昭怙厘大寺；又有开凿石窟的传统，就是克孜尔石窟。

但是大家就有点格格不入。大乘的人就会觉得小乘的人太执着，一佛一菩萨，信仰释迦，但是对其他的佛与菩萨又怎么理解呢。所以库木吐喇新1窟、新2窟的发现是非常重要的，因为他们改变了我们一个基本的看法——龟兹地区就完全是小乘的东西，其实不完全是这样。再如，玄奘法师到了龟兹国的时候，他说龟兹当地的僧人是修小乘。这个在克孜尔石窟也得到了印证，它的影响力确实巨大。

龟兹国的王族、贵族他们也都是信小乘的，但是他们其实也不排斥大乘的僧侣。修大乘的这些和尚来了，照样被好好接待。像鸠摩罗什和他母亲去游历北印度，他们在喀什学了大乘的东西，带到了龟兹，也没有受到排斥。鸠摩罗什和他母亲也还是王族，在龟兹国影响力非常大，而且声名远播。其实他们作为供养人，作为信徒，自己是不排斥大乘的。但是僧侣是要排斥的，他们修小乘的就按小乘的规矩办，就对大乘佛教的信徒、僧侣有一定的排斥，所以他们也会对这些供养人产生影响。

有一个很有名的罽宾国的和尚叫昙摩密多（Dharmamitra），也就是从现在的巴基斯坦、阿富汗那一带过来的。他到了龟兹国，整个宫廷隆重迎接他。他是一个禅师，他有一个绰号叫"连眉禅师"，也就是他的两个眉毛长到一块了；他是坐禅的高手，习禅定。

在小乘里大家也坐禅、习禅定，但是昙摩密多的基本学说和基本思想是大乘的，他也受到龟兹国王的礼遇，只是他在龟兹国待了几年便待不住。一开始我就纳闷，为什么国王王室礼遇昙摩密多，他还要走？他是主动离开的，自己走的。他往哪里走了呢？他经过吐鲁番到了敦煌。在敦煌，他就觉得比较舒服，而且敦煌当地的统治者也很支持他，他就

唐玄奘访问过的昭怙厘（苏巴什）大佛寺遗址

在敦煌住下来。"开园百亩，自买千株"，是说他有一个大的精舍，有100亩地，种了1000棵树。精舍是很大的一个寺院，有大乘佛教的东西。他把克孜尔开洞窟的传统带到莫高窟来，北凉三窟应该就是昙摩密多主持开凿的。习大乘教的人其实在龟兹国还是有一席之地的，只是他觉得不舒服，就像昙摩密多一样，待不住。但是他们在那个地方，由于受到王室的款待，其实还是有能力来造窟的。那么他们造了没有？这就是我的疑问。他们有没有在那里留下比较典型的大乘教的石窟？有！就在库木吐喇，就是新1窟、新2窟。

虽然他也是躲躲闪闪的，把新1窟、新2窟修到一个比较偏的地方。你去要蹚着河水，要走到洞窟里来看，但是新1窟、新2窟的东西，也因此得以保存得非常完美、精致。介绍西域艺术的常常用新1窟、新2窟的壁画作为封面。

库木吐喇新 1 窟发现的彩塑佛像

其实这是非典型石窟，并不是典型的龟兹国的佛教艺术。龟兹国典型的佛教艺术是什么？是小乘教的东西，是释迦牟尼的故事，是佛传，本生故事，然后加上一些因缘故事，佛涅槃，弥勒菩萨的事情，是一佛一菩萨。库木吐喇的新1窟、新2窟就没有表现这些内容，尽管它们也残了。周围的这些壁画，残得厉害，但是它顶部保存得非常完整，而且极为精美，完全是王家气派。所以我就在想，这会不会和昙摩密多、鸠摩罗什家族、受皇家尊敬的、供养的这些大乘的佛教僧侣有关系呢？我觉得肯定是有关系的，至于它密切到什么程度，由于史料缺失，我们没有办法把它弄得那么直接，但是我觉得至少它现有的记载和史料告诉我们，大乘佛教的僧侣和学说，龟兹国的王族是不排斥的。不仅不排斥，而且他们是尊敬的。包括他们礼遇鸠摩罗什，礼遇昙摩密多，让这些人得以在龟兹国生存下来。

最后鸠摩罗什是被军队带走的，昙摩密多是自己走的，但是在他们离开之前，他们在龟兹国受到礼遇，他们是不是也做了一些事情呢？可能这就是我们解开新1窟、新2窟之谜的钥匙。新1窟、新2窟或许就是在这些到龟兹来受到礼遇的大乘教的和尚的主持下，或者影响下建造的。

库木吐喇"非主流"的
新1窟和新2窟

当然我们说了这么多背景,说了这么多新1窟、新2窟存在的历史依据,那么新1窟、新2窟具体描绘了一些什么东西呢?

以新1窟为例,它是一个方形的内室,是一个圆顶,就一个半圆。像球形,我们叫作穹庐顶,它也有木构的建筑把它撑起来,然后有一个半圆形。圆形正中间是一朵大大的莲花,而且莲花它不像我们在汉地见到的就是那种大瓣的莲花,它是小瓣莲花,它分为4层。中间是一个圆的花蕊,一层层几十个花瓣垒起来成为一朵大的莲花。

这个画法很特别,它还真不是内地的那种造型。它是从犍陀罗那边,从喀什那边传过来的一种画法。克孜尔石窟也见不到,一层层的几十个花瓣的莲花。这个就是新来的东西,而且这个新1窟时代现在就定到5世纪,大概就是鸠摩罗什和昙摩密多那个时代。它可能是从西边经过喀什传来的罽宾国风格的莲花。

这个是我们见到的新样式。它半圆形的顶以莲花为中心,呈放射状,分出来了很多个格子,一共分了11格。

喀什是大乘佛教的中心。喀什那儿有三仙洞,三仙洞的中洞——就

库木吐喇"非主流"的新1窟和新2窟 　229

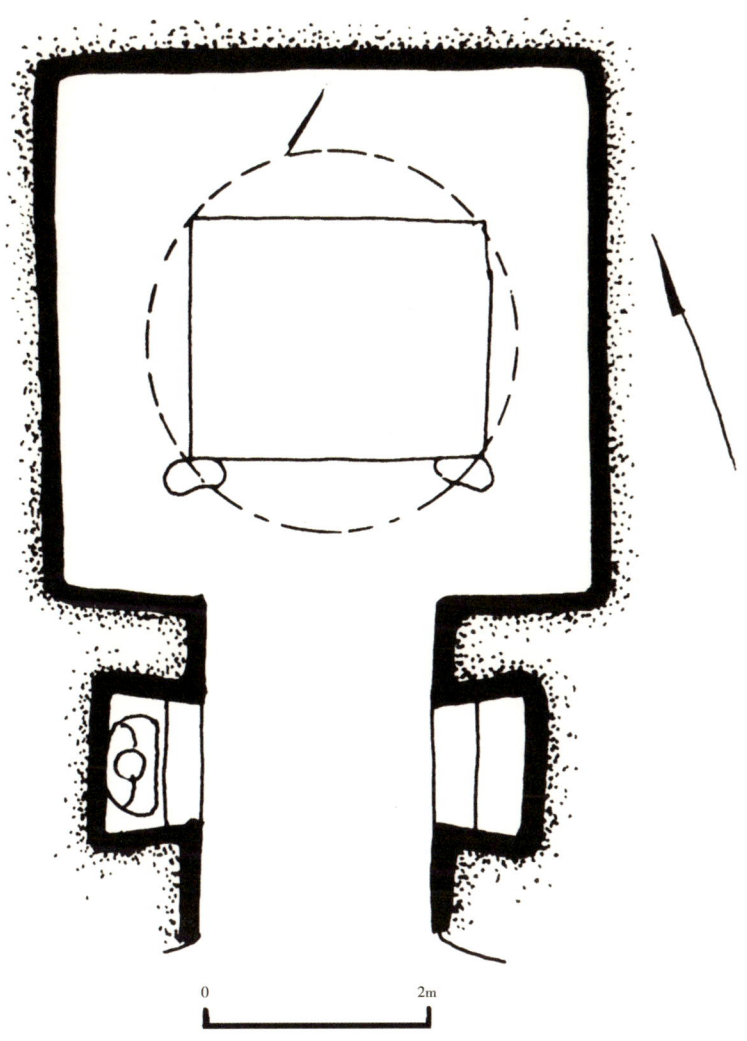

库木吐喇新1窟平面图

库木吐喇新 1 窟顶部

是中间那个洞,顶上就跟这特别像,也是中间一朵大莲花,然后周围就是呈放射状地画了立佛,即站着的佛像。新 1 窟,也如此。它有 11 格,画了 6 个佛像,5 个菩萨像,佛与菩萨间隔开来,但是有两个佛是挨着的。有一个佛,他两个手中捧着一个圆形东西——法轮。他拿着法轮就像开车似的转动。转法轮是什么意思?是法,说法的另外一个叫法就叫作"转法轮"。如果我拿个轮子这么一转,我就得说法了。顶部有一个说法的佛,然后就是其他的各种佛。

我们说到小乘讲一佛一菩萨,信仰释迦牟尼佛。新 1 窟释迦牟尼佛在转法轮说法,可是又有那么多别的佛,除了这一个释迦佛转法轮之

库木吐喇新 1 窟窟顶佛菩萨像

外，它还有 5 个佛，东南西北中五方佛，这是个大乘的概念。

在这些佛之间画得非常精美的就是菩萨像，而这些菩萨就特别像穿龟兹服装的、本地的菩萨长相，他们还长了两撇翘起来的胡子。在这些佛像和菩萨像的脚底下，有的站一小菩萨，都有伴生的，小菩萨像从地里面冒出来的一样；另外一边是一个力士，像药叉这样的护法神。

画法就像于阗的画法，也是大乘佛教主要的一种画法——或半身的菩萨像、或者是力士像，这个我们在库木吐喇的新 1 窟就看到了。然后我们看到五方佛，我们看见释迦说法，还有这种放射状的画法，都是从喀什传过来的。我估计是罽宾国的传统，因为在巴米扬石窟我们也可以看到这样的穹隆形的，画有立佛。

新 2 窟和新 1 窟是一模一样的结构，也是一个半圆形的顶穹庐顶。它分了 13 个格子，每一格里都是一个站立的菩萨，像跳舞一样，姿态非常的优美，而且也是本地人的长相。所以研究舞蹈的人特别喜欢新 2 窟，因为它上面这些菩萨的各种动作、各种手势、各种眼神，特别像在跳舞。其实大量的菩萨出现，也是典型的大乘佛教艺术的做法，这是因为大乘佛教的一些学说，讲大量的菩萨来引导众生，达于彼岸。

所以新 1 窟、新 2 窟的发现，给我们提供了一个极为重要的历史线索，让我们知道了大乘佛教艺术是怎么传到龟兹国的，在龟兹国它又是怎样的生存状态，它们可能是非主流的。比如它可能要选一个比较偏的位置来造窟；还有它的题材可能是大乘的东西，但是它的画法有可能得

库木吐喇新 2 窟窟顶

库木吐喇新 2 窟窟顶菩萨群体

适应当地人的一些想法，因为毕竟这些供养人还是龟兹国的王族，他们还是以小乘为主的。贵族们虽然礼遇这些大乘的僧人，也容忍大乘的学说，但是他们内心并不是完全支持的，至少他们不公开支持，所以我们注意到新 1 窟、新 2 窟，是被埋起来了的。

可能在造的时候，他们选了一个相对偏的地方，也造得很精美。可是，当大乘的和尚、高僧一离开，就把它埋起来了，大家后来就不知道了。直到 20 世纪 70 年代，很偶然地把它们挖出来了。当然原来我们想象的可能是自然埋藏的，现在我估计不是，可能是有意地埋藏，而且埋藏的时间可能比较早，因为它可能受到小乘的一些排斥，甚至破坏。这个时候就把它干脆埋起来了，也不能算是毁佛，算是把它保护起来。

这也就为我们留下了非常重要的历史资料，这就是新 1 窟、新 2 窟的特殊价值。

森木塞姆石窟——为什么说它是"不太一样"的?

在古龟兹国境内,今库车地区还有另外一个石窟,它大概应该算得上是第三大石窟——森木塞姆石窟。

这个石窟在龟兹国境内最东端,位置比较特殊,可能龟兹国的时空影响到内地如敦煌、云冈。还有从东边传过来的影响,最先到达龟兹国境的石窟是哪里——森木塞姆。所以森木塞姆的位置,形状,各方面都很特别。森木塞姆,虽比较荒僻,戈壁滩上,有起起伏伏的山丘,交通也不便,森木塞姆去的人少,知道的人也少,但是森木塞姆确实是一个

森木塞姆石窟外景

非常重要的石窟群，它在西域的佛教艺术史上占有非常特别的位置。这是值得去了解、研究、探讨的。

现在它有编号的洞窟是 57 个，当然比克孜尔、比库木吐喇都要少得多，但是它确实有自己的特点。其中一个特点是它是龟兹国境内最靠东边的一个洞窟。另外一个特点是这个地方的土质。它的岩石构成，跟克孜尔、跟库木吐喇都有点不一样，比较软，有点像土。我记得我们去的时候，踩在地上，感觉脚要往下陷。因为土质比较软，在造窟的时候比较方便挖进去。这种情况下，虽然它的基本造窟概念跟克孜尔是一致的，它也是以小乘为中心的，从题材上讲没什么特异之处，但是由于它的土质有些不一样，所以它在洞窟、形制上有了自己的特点。而且这个地方的僧侣也好，供养人也好，他们也有一些自己的趣味、想法要表现出来。这是跟克孜尔、跟库木吐喇都不太一样的地方。

森木塞姆的洞窟布局，是一个半月形的马蹄形。它跟那些顺着河两岸，或者说在河岸一边的石窟的结构还有些不一样。马蹄形结构的这种石窟布局在哪里有先例呢？在印度中部的阿旃陀石窟。

"森木塞姆"是什么意思？它在维吾尔语里的含义就是有小溪流流出的地方。这个小溪流其实是攸关生死的，攸关在这个地方的僧人、造窟的人能不能够活下去。如果在戈壁滩上、在沙漠里没有水，大家都活不了。虽然你可以运来粮食，你可以运来菜肉等吃的，但是如果说水的用量太大，你不可能把大量的水运到这儿来吧，不方便。要是这个地方没有水，是不可能长时间修造石窟或建立佛教寺院的。

在马蹄形围着的中间有个土台，土台上有挺大的一个佛教寺院的遗址，这个是挺有特色的。这些寺院的僧侣，他们是要使用森木塞姆的这些石窟的，比如说坐禅、观像、供养、绕塔等这些仪式都可以实现，每天都可以用。因为石窟它是"活"的，人们不是造了它之后就走了，而是开凿了还要用它。

那么这些住在森木塞姆这个地方庙里的和尚，都是些什么人呢？是汉族的和尚，还是龟兹的和尚？是完全修习小乘佛教的和尚，还是也有大乘的和尚？这个是很令人好奇的一个事情。而且在寺院的遗址里边还挖出了一些东西，这个就让森木塞姆石窟更有意思了，因为它的这些使用情况，我们都能够略知一二，所以森木塞姆是特别值得去研究、去了解的。当然从总体上看，森木塞姆石窟的洞窟形制、壁画题材、艺术风格，跟克孜尔基本上是一脉相承的，它也是以小乘为中心、为主的，这是我们现在能够看出来的基本的一个风貌。

它的洞窟型在早期五六世纪的时候还是以所谓的中心柱窟为主的。但是它的中心柱窟的造法，跟克孜尔又有一点区别。为什么这么讲？因为它的土质比较松软，它的造法就不再是像有一个背屏式的洞窟，然后在下部开的两边甬道这样来转。它整个就从底到顶挖空了，中间就成了一个柱子。它的四壁是一个整地，不仅仅是两个甬道的口。洞口不高，得低着头进去。它整个通顶，中心柱就在中心。你一进去就可以这么转着看了。这个跟敦煌莫高窟北魏时期的石窟就很一致，看起来就特别像。所以这个是森木塞姆的中心柱窟的一个新特点，这个特点可能对敦煌石窟产生影响，可能对我们的认识有帮助。我们虽然看不到直接的证据，但是它们在建筑形式上确实是有关联之处。

森木塞姆石窟——"偏爱"画猴子的新趣味

森木塞姆石窟另外的特点是什么呢？虽然在它的券顶天宫图中也画本生故事、因缘故事，但是它在选择这些故事画的时候，多了一些新的趣味——这些故事画描绘了很多跟猴子有关的故事，这是一个颇令人惊讶的事情。

其中一个故事是《大猿本生》。讲的是释迦牟尼前生是一只大猿猴，也就是猴王，个子高大，孔武有力，它不仅要保护小猴子，还要保护其他小动物，如兔子等。有一次，它们一起去偷吃国王花园里的果子，结果

森木塞姆第1窟故事画

国王的人来撵它们，它们就跑，跑到一条河边的时候，有些小动物、小猴子跳不过那条河，于是猴王就把它的脚搭到岸的一边，然后手抓着另外一边的树，将自己的身体当作桥，这些小猴子、小动物通过猴王的身体过了河，但是猴王却因体力不支，跌下河去，被国王抓住。有的故事版本也说猴王是被国王的箭给射着了，掉了下去，但不管怎么说，这是一个牺牲自己、成就他人的故事。

还有一个《猕猴奉蜜》的故事。一只猴子给释迦牟尼送蜂蜜吃，释迦牟尼接受了蜂蜜后，猴子就特高兴，以至于得意忘形，手舞足蹈，一不留神掉在一口井里给摔死了。不过猴子摔死的仅仅是它的皮囊，它的灵魂还可以"升天"，得到拯救，成佛。

跟猴子有关的故事，还有猴子骑到鹿背上的故事以及一公一母两只猴子正在聊天的故事。

森木塞姆石窟的壁画选择很多跟猴子有关的故事，这一现象虽然

森木塞姆第1窟"猴子过桥"

森木塞姆石窟——"偏爱"画猴子的新趣味　239

森木塞姆第 30 窟 "猴子聊天"

森木塞姆第 30 窟 "奔鹿"

很多专家都注意到了，但是目前没有人有答案，这是森木塞姆石窟的一个谜。

森木塞姆石窟——大像窟里曾经的"主人翁"是谁?

森木塞姆石窟有一个非常高的空窟,我们把它叫作大像窟。什么叫大像窟呢?就是这个窟的中间曾经塑过一尊很高大的佛像。这个大像窟

森木塞姆的大像窟

的左右两边还有一些对称排列的小洞窟，更加突出了中间空窟的特殊性，使人印象非常深刻。那么，这个空窟中间的佛像是什么佛像呢？根据我们在克孜尔石窟所注意到的现象，这尊佛像很可能就是弥勒佛，但是为什么要做这么大的弥勒佛呢？

我们知道，中国佛教艺术史上的大像窟基本都是在中间塑弥勒佛，最著名的大像是武则天时期所造，如敦煌莫高窟的北大像和南大像。武则天时期有一个造大像的风潮。武则天曾直接下令，全国各地都要讲一部经，叫《大云经》，经文讲到弥勒佛出世，并暗示弥勒佛就是武则天，这为武则天作为女性来做皇帝提供了一个合法依据。根据《大云经》的记载，唐朝管辖下的各个地方，都要建一座大云寺，造一尊弥勒大佛。敦煌莫高窟第96窟（北大像）造于武则天时期，并且直接造成了一个女的，胸部很大，身上不是披着袈裟，而是穿着女装，坐在那里似乎向世人宣告，男人和女人没有多大区别，既然佛像可以是女的，弥勒佛可以转女身，那么皇帝为什么不可以是女的？这是一个很大胆的做法。

森木塞姆石窟开凿于武则天设西域大都护府时期，当时唐朝中央政府对西域的管控非常强，并且奠定了唐朝在西域统治的基础。森木塞姆大像窟的前方中央台地上有一个大型寺院遗址，这个寺院里原来是不是住着中原来的和尚？如果是中原来的和尚，他们为何不选择在克孜尔、库木吐喇这些地方建寺院，而是选择在这个远离都城的地方另起炉灶呢？我认为这个寺院很有可能是一个大云寺，是应武则天政府要求所造，因为按照武则天的要求，安西大都护府也得造一个大云寺，而且这个地方往往还必须真正严格执行，它不能造在龟兹国首都，得找一个相

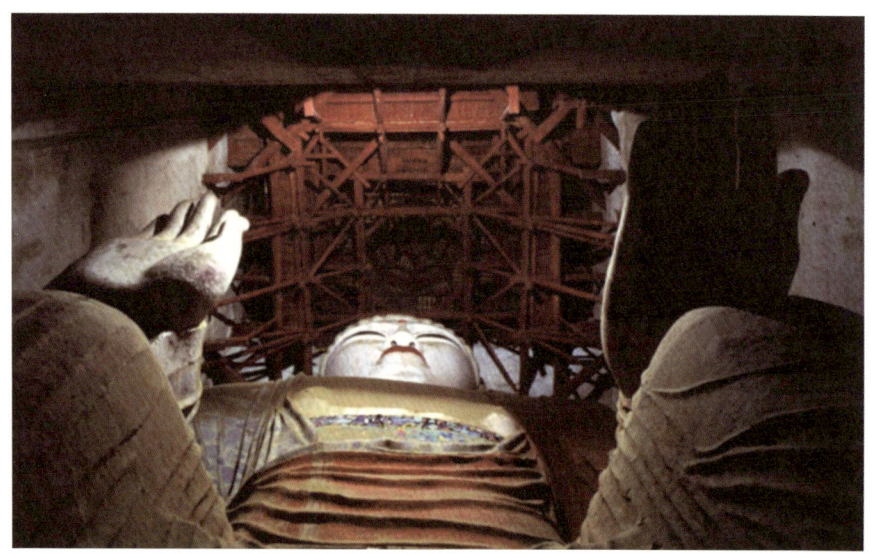

敦煌莫高窟"北大像"（第96窟）

对独立的地方。如果这个寺院是一个大云寺，那么大像窟中消失了的大佛像很有可能就是一尊弥勒佛，至于是不是女像弥勒佛我们就不知道了。

森木塞姆石窟中还有一些西方传来的艺术因素，如日神、月神像，它们的形象是像战神一样驾着马车，这是希腊罗马的传统。

还有一尊像在这里我要特别提出来，就是一尊戴虎头帽的天王像。据西方艺术史家说，戴虎头帽的天王其实是希腊战神赫拉克勒斯。一个来自华盛顿大学教罗马艺术史的教授说"我看见了一个赫拉克勒斯"，当时还把我吓了一跳，太有意思了。赫拉克勒斯的形象为什么会出现在森木塞姆石窟里呢？这说明了什么问题呢？中国学者对戴虎头帽的天王像还有另外一些说法，比如原来在克孜尔石窟工作过的姚世宏所长以及

森木塞姆石窟——大像窟里曾经的"主人翁"是谁？ 243

森木塞姆第 31 窟壁画日神

森木塞姆第 26 窟的虎头帽天王

另外一些年轻学者都曾写文章来论证过这个问题，他们认为戴虎头帽的天王像是表现武士的一种方式，是吐蕃人占领这个地方的时候带来的吐蕃传统。在吐蕃传统里，有军功的、勇敢的武士是要被奖励一张虎皮的，不过他们一般是将虎皮披在身上，而不是戴个虎头帽。戴虎头帽的天王像不只在森木塞姆石窟有绘制，其他地方也有描绘，如克孜尔石窟、敦煌莫高窟和榆林窟等。总之，戴虎头帽的天王像不管是从吐蕃传来的武士图像，还是从希腊、罗马传来的赫拉克勒斯像，都是外来因素，而不是龟兹本地的东西。

　　森木塞姆石窟可能修建了从唐朝内地传来的大云寺以及弥勒佛像，有的洞窟中可以看到从希腊、罗马传来的坐双轮马车的日神、月神以及戴虎头帽的赫拉克勒斯。由此可见，森木塞姆石窟集中了不同地区、不同文化传统中的艺术要素和宗教要素，成为一个各种文明融合的大熔炉，这使得该石窟在龟兹石窟群中脱颖而出，其所保存的艺术具有丰富的文化交流意蕴，特别值得我们重视。

龟兹古国石窟群——烽火台上公主的传说

龟兹国境内的佛教石窟遍布各地，数量巨大，我只挑那些保存最好、内容最重要、艺术水平最高的石窟来讲，比如前面我花了很长篇幅来讨论克孜尔石窟，那不仅是一座皇家石窟，而且保存最好，规模最大，一提到新疆石窟，大家都会想到克孜尔石窟；然后我谈到了库木吐喇石窟，它的唐风洞窟和回鹘洞窟都非常有特点；我还谈到了森木塞姆的大像窟及其部分小型洞窟中的壁画。

除了以上三处最有名、最大的石窟外，龟兹国境内还有很多石窟，

克孜尔尕哈石窟

如克孜尔尕哈石窟、台台尔石窟、玛扎伯哈石窟、托乎拉提艾肯石窟、苏巴什石窟等。我认为既然要讲龟兹国的佛教石窟艺术，把这些比较残破或特色不鲜明的石窟完全略去是没有道理的，因此还是要把主要石窟以外的这些石窟好好讲讲。

首先是克孜尔尕哈石窟。克孜尔尕哈石窟是这些石窟中名气最大的一座，在龟兹国境内诸石窟中排名第四，有壁画的洞窟有13个，壁画状况保存良好。该石窟是离都城最近的一座石窟，窟旁有拱卫都城的防御设施，现今还留存一座很高的烽火台，大约有15米高，上方的建筑也很大，平面大约4m×6m。烽火台主要用于军事信息传递，所以克孜尔尕哈，也意为"哨卡"。

古时候，烽火台上的建筑中有军人值守，如果晚上出现敌情，这些军人就把柴火点燃，己方部队一看见烽火台上的火，就会做好御敌准备。白天点火是不容易看见的，白天主要是点烟，就是所谓的狼烟，狼烟是什么呢？不是烧一头狼，而是把狼粪放到火里去烧，冒出来的烟因为是黑烟，所以在白天特别引人注目。这就是烽火台所起的防御作用。

这个地方的维吾尔族人有一个跟烽火台有关的生动传说。一个龟兹国的白姓国王生了一位公主，一天国王做了一个梦，梦中的预言家告诉他，你的女儿将来要被一只毒蝎子蜇死。国王梦醒后，为了避免女儿被毒蝎子蜇死，就修建了一座烽火台，然后把他的宝贝女儿放到烽火台，以为这么高的高台毒蝎子肯定爬不上去。不过故事的戏剧性在于，毒蝎子并不是藏在周围的环境中，而是藏在苹果核里，住在烽火台上的公主在吃苹果的时候，毒蝎子从苹果核中跑出来把公主给蜇死了。

我觉得这个故事非常有意思,并在想,一个这么大保护这么好的烽火台,在本地民间传统中究竟意味着什么?故事的真实性当然值得怀疑,不过克孜尔尕哈石窟由于离都城很近,附近也住着不少村民,那么是不是他们把这个烽火台加进了故事里,以此将一个古迹生发出新的内涵?国王、公主、苹果、毒蝎、生死,这些要素跟白雪公主的故事特别相像,它不仅像一个阿拉伯故事,也像一个西方故事,但却不像一个中国的传统故事,中国传统故事的结构和要素和这个不一样。所以我们来这个地方看历史遗迹——克孜尔尕哈石窟以及它周边的古迹,除了要看

克孜尔尕哈附近的烽燧

它们本身所焕发的历史感，也要看它们在历史演变过程中生发出的新东西。

现在我们去克孜尔尕哈石窟，首先看到的是烽火台，而不是克孜尔尕哈石窟群，所以我就在想，克孜尔尕哈石窟位于最大的烽火台附近，这个石窟是不是有一种寻求心理保护的特殊功能？这个问题需要从石窟壁画中去寻找。

克孜尔尕哈石窟位于一个峡谷的两岸。峡谷分为南北两区，两区都有有壁画的洞窟，但是去看的话得有比较好的体力。我记得第一次去克孜尔尕哈石窟的时候，基本上没有路，车在戈壁滩上开。现在路虽然修通了，但还是很不方便，因为石窟在荒郊野外，基本上也没有对外开放，不过它确实还是保存了一些好东西。我最近一次去克孜尔尕哈石窟的时候，有三个人在那里看管，其中一个维吾尔族的老哥年纪比较大，大概四五十岁，名叫热合曼，他一个人在这里看管了18年，后来被选为感动中国的人物之一，热合曼在这个地方栽了两棵树，所以他在感动中国中的故事名就叫"一个人，两棵树"，另外两个人是他的徒弟，因为保护克孜尔尕哈石窟的工作得有人传承下去。

龟兹古国石窟群——国王脚下"冒出"的地神

克孜尔尕哈石窟的建筑形制、壁画、内容和风格跟克孜尔石窟非常像,但是名气却远不如克孜尔石窟大,原因可能在于它残破得比较厉害,很多人就不愿意去这个地方看,其实这个地方是有好东西值得看的。

第一个好东西位于第30窟。这个窟顶部的蓝底子上画了8身大飞

克孜尔尕哈第30窟伎乐飞天

天,描绘得非常精美,保存得也非常好,由于在顶部,一般人不太容易注意到。飞天虽然是庆祝佛涅槃、佛说法等欢庆场景中的人物,但它们承载的历史信息非常丰富。给我留下深刻印象的是,这 8 身大飞天手中全部拿着乐器,乐器也很有特点。比如,其中 1 身飞天拿了一面曲颈琵琶,属于较早拿曲颈琵琶进行弹奏表演的飞天。曲颈琵琶是什么呢?就是这个琵琶的颈部不像我们一般看到的那样是直的,而是弯了一下,然后手对着中下部半圆中空的音箱进行弹奏。曲颈琵琶作为龟兹乐里的核心乐器,后来又出现在敦煌壁画里,所以这身弹曲颈琵琶的飞天为我们了解琵琶乐器在丝绸之路上如何传播提供了很好的范例。

第二个好东西位于 7 世纪开凿的第 14 窟。这个窟里有两身男供养人像特别有名,也特别重要。最前面一位应该是国王,国王身后应该是王子,两人的双脚中间均画了一个地神,都是从地底下冒出半个身子,类似菩萨一样的女性形象。双脚之间画地神的国王供养像在这里出现令

克孜尔尕哈第 30 窟伎乐飞天(弹琵琶)

克孜尔尕哈第 30 窟伎乐飞天（弹箜篌）

人感到非常惊讶，因为参照克孜尔石窟的国王供养像，比如黄头发、梳分头的托提卡国王，他的脚下是没有地神的。

一般情况下，双脚之间画地神的国王供养像是于阗国王，比如我们在敦煌莫高窟第 98 窟可以看到双脚之间画地神的于阗国王像，于阗国故地达玛沟佛寺遗址也有在于阗国王像的双脚之间画地神的案例。地神也称地母，是于阗建国传说中的神灵。话说于阗国的创始国王还是一个婴孩的时候，没有母亲，也没有奶吃，他在快要被饿死的时候，突然地上冒出一个女性的哺乳器官，婴孩爬上这个女性的哺乳器官吃奶后就活了下来，后来人们在造于阗王像的时候，往往会在他的双脚下画一个地母。

克孜尔尕哈石窟这身国王像表现的是不是龟兹国王呢？他所穿的服装不太像龟兹国王的服装，可能龟兹国王的服装不是固定的，他在不同的时候穿不同的服装。如果这身国王像表现的是龟兹国王，那么其双脚

克孜尔尕哈第 14 窟国王、王子供养像（郭峰临摹）

之间的地神就意味着龟兹国受到了塔克拉玛干沙漠南沿于阗国传说的影响。龟兹人模仿于阗人的做法，这是挺有意思的一件事情，因为这两个国家的佛教信仰有着很大区别，龟兹国主要信仰小乘佛教，于阗国主要信仰大乘佛教。那么，为什么龟兹国王像也在双脚之间画一个地神呢？他们是不是把这个当成一个画国王像的套路呢？当然还有另外一个可能——克孜尔尕哈石窟是一个皇家寺院，由于这个地方离都城很近，于阗王到访龟兹国的时候在这里供养了石窟，并把他带有地神的供养像画到了这里。如果将一个于阗国王画到一个龟兹国的石窟里，那就是一件大事，它反映了于阗跟龟兹的一段交往史。

　　龟兹国和于阗国中间横亘着塔克拉玛干沙漠，即便是现在，穿越沙漠公路从南边走到北边都需要开车一整天。我曾坐车穿越过两遍沙漠公路，公路两边都很荒凉。古时候是很难穿越塔克拉玛干沙漠的，想要从于阗国走到龟兹国，一定得从喀什或吐鲁番绕一大圈，中间得走多少天是一个谜。

克孜尔尕哈第14窟有一身双脚之间画地神的国王供养像，这身人物既有可能是龟兹国王借用于阗国王的造像来表现他的国王身份，也有可能是于阗国王到访龟兹国的时候，在这个地方留下了他的形象以及与于阗建国传说有关的形象。由此看来，克孜尔尕哈石窟尽管留存的壁画不多，但是它所传达的历史信息却非常丰富！

于阗故地达玛沟佛寺遗址于阗国王供养像（局部图）

敦煌莫高窟第 98 窟于阗王供养像

龟兹古国石窟群——不能不提的"小石窟群"

除了克孜尔尕哈石窟之外,龟兹古国的石窟群中还有玛扎伯哈石窟。玛扎伯哈石窟目前残存的洞窟不少,但是有壁画的洞窟只有5个,而且壁画残破得很厉害,这些洞窟也没有对外开放,所以去玛扎伯哈

玛扎伯哈石窟外景

玛扎伯哈第 1 窟飞天

石窟的人也很少。不过我觉得这个石窟有它独特的价值,还是值得去看的。

"玛扎伯哈"是什么意思呢?在维吾尔语中它是"墓园"的意思,和丧葬连在一起。所以我在想,玛扎伯哈石窟除了与寺院有关,是不是也和坟墓、死亡这些东西有关?这个石窟中是不是制作过与死亡有关的涅槃题材?我们知道,玛扎伯哈是后来的叫法,它原来可能不叫这个名字,那么它被叫作"墓园",是不是和佛教石窟一样也是作为人死后的一个去处?这些问题都可以给我们提供一些有意义的启发。

除了玛扎伯哈石窟,还有一个重要的小石窟,叫托乎拉克艾肯石窟。"托乎拉克艾肯"在汉语中的意思是"胡杨沟"。胡杨是沙漠中特有的一种树。托乎拉克艾肯石窟位于一个河谷的两岸,现存的几个洞窟残破得很厉害。特别有意思的是,这个地方也有一个寺院遗址,北大考古系和龟兹研究院的人曾去那里做过调查,最后出了一个考古报告,发表在《吐鲁番学研究》2010 年第 1 期。

托乎拉克艾肯第 15 窟主室券顶菱格《因缘故事画》

托乎拉克艾肯第 15 窟后甬道正壁《涅槃图》

龟兹古国的石窟非常多，除了上文提到的，还有台台尔石窟、温巴什石窟，这些石窟残存的壁画里有一些比较独特的题材，还是值得看的。

如果继续讨论龟兹古国这些小石窟，就需要更多的篇幅，所以在这里我仅对这些小石窟做简要介绍，目的在于告诉大家，龟兹国境内除了克孜尔、库木吐喇、森木塞姆、克孜尔尕哈这些石窟，还有很多小石窟也有它们的考古学价值和历史价值，同样值得我们关注。

阿艾石窟——孤悬崖壁上的"另类汉风"

古代龟兹国位于今天的库车县，是一个很神奇的地方，因为这个地方不断有新发现，也有很多新谜团，有的谜团至今没有解开。前面我讲过，龟兹国国都旁边有一座佛教寺院，唐代文献记载为"昭怙厘大寺"，这个寺院遗址的佛塔地宫曾出土过一具女性尸体，在她的旁边还有一具婴儿尸体，这些怎么会埋藏在佛教寺院里？迄今为止我们都没有搞清楚他们

库车大峡谷景观

的身份，如果他们是寺院方丈的媳妇和孩子，那可是一大惊喜，大家会发现，龟兹国的佛教确实是与众不同。

在这个地方另外一个重要的发现是阿艾石窟。一个叫吐地阿孜的维吾尔族牧羊人经常到野外去采草药，1999年4月的一天，天气还比较寒冷，他爬上悬崖采草药的时候突然发现了一个佛教石窟，窟里留存的壁画非常精美。后来考古学家又从这个窟的地面堆积物中挖出一些如拳头或指头之类的泥塑佛像残迹，以及一些从窟顶上掉下的壁画。阿艾石窟是一个奇特的洞窟，它的奇特之处在哪里呢？

第一，它单独开凿在悬崖之上。龟兹国几乎所有的石窟都是以成群

库车大峡谷悬崖上的阿艾石窟

阿艾石窟内景

的方式出现，有的石窟有好几百个洞窟，比如克孜尔就有300多个洞窟，已经编号的有200多个，库木吐喇、森木塞姆以及一些小型石窟（如台台尔石窟）至少也有十几个洞窟，可为什么阿艾石窟却是单独的一个呢？这是第一个没搞清楚的谜团。

第二，它离地面将近40米，有十几层楼高。我印象当中，阿艾石窟特别高、特别陡，普通人几乎不可能爬上去，如果普通人都爬上不去，那为什么还要造这个洞窟呢？窟里画的那些壁画，塑的那些彩塑，又是给谁看的呢？这是第二个令人不解的谜团。

第三，它的壁画内容和艺术风格跟敦煌石窟的特别像，却跟本地其他石窟大不一样。为什么在龟兹国的国都附近造一个佛教石窟，不选择本地广受欢迎的题材和风格，却选择敦煌汉地流行的题材和风格？壁画上的人物形象，面部、体型、用色等画法都是"唐风"。"唐风"就是以唐朝首都长安为辐射中心的绘画风格，可兹比较的对象是敦煌壁画。这种情况我推测有两种可能，一种可能是绘制这个石窟壁画的画家来自敦煌，现在我们虽然无法证实这种猜测，但不排除这种可能性；另一种可能是供养人来自内地，他们在建造这个石窟的时候选择了他们喜欢的、熟知的和尊敬的一些题材和风格。

阿艾石窟不仅孤悬崖壁高处，而且与周围其他石窟在内容和风格上完全不同，这令人感到疑惑，为什么这个窟的主体采用了"唐风"，而不是本地的题材和风格？幸运的是，窟里现今保存了相当数量的供养人题记，这为我们了解这个石窟提供了一些有说服力的证据。

阿艾石窟——没有"组织观念"的题记

阿艾石窟的供养人题记可以分为两组，一组是不太正规的供养人题记，另一组是比较正规的供养人题记。首先我们来谈第一组。

第一组供养人题记书写于窟顶千佛的排列空隙之间，乍一看虽然不太正规，但却是原来的供养人题记，所以它们的研究价值非常高。这些供养人题记总共有17条，其中能够识别的有14条，另外3条仅存长条形框子。可识别的14条供养人题记中只有5条比较完整，其中包含的姓氏使我们大致能够了解这些供养人的身份，所以接下来我们对这5条比较完整的题记做一个分析。

第一条题记为："申令光敬造十方佛供养"。申是一个汉姓，申令光供养的佛像叫十方佛，也就是东、西、南、北、东南、西南、东北、西北、上、下十个方向的佛。十方佛为大乘佛教的信仰方式，其指代宇宙中的一切佛。

第二条题记为："李光晖造十方佛一心供养"。李也是一个汉姓，而且在唐代是皇家姓氏。李光晖所造佛像也是十方佛，十方佛这种大乘信仰跟龟兹本地的小乘信仰是不一样的。

阿艾石窟壁画题记

第三条题记为:"寇后男善爱造七佛供养"。寇后男就是寇后的儿子,名寇善爱,他造了七佛。

第四条题记也为:"寇后男善爱造七佛供养",可见寇善爱将同一条题记书写了两遍,我估计他是对第一条题记不满意,然后又写了一条,而不是供养了14尊佛像。七佛的概念比较模糊,有"过去七佛"和"药师七佛"之分,我认为这个窟的七佛为药师七佛的可能性比较大,因为它符合这个窟的大乘信仰倾向。

第五条题记位于第三、四条题记的旁边,为:"妻白二娘造七佛一心供养",寇善爱的妻子姓白,叫白二娘,也是供养的七佛,不知道白二娘供养的七佛跟寇善爱供养的七佛是不是同一组七佛,既然他们是夫妻,很有可能是共同供养,只是题记分开书写而已。

这五条供养人题记承载的信息量非常大,题记中的人物很可能来自唐朝内地的长安和敦煌,甚至可能有皇族李姓的人参与了造窟。为什么这么说呢?因为唐王朝在龟兹建立了安西都护府,驻扎在这里的军官、士兵和文职官员就来自内地。敦煌是汉人聚居区最西边的一个据点，从敦煌到西域的人，我们在史料上也可以查到。史载唐朝有一位将军名叫侯君集，他奉李世民的命令带领唐朝军队从长安出发往西打仗，到了敦煌后，他不仅把敦煌的行政关系做了梳理，而且还在敦煌招兵，敦煌一些人就加入了侯君集的部队，比如贞观十六年（642）开凿的莫高窟第220窟，供养这个窟的翟家人就有人参了军，因为窟里的供养人题记中有"昭武校尉柏堡镇将"这样的军衔。

阿艾石窟壁画题记

侯君集的部队里既有从长安出发的皇家队伍，也有在敦煌加入的军官和士兵，他们在侯君集的带领下打下离汉地较近的高昌国后，直捣龟兹国附近的焉耆国，唇亡齿寒，龟兹国想去救焉耆国，但是挡不住唐军的势如破竹，唐军把焉耆国打下来之后，又把龟兹国打了下来，并在龟兹国建立了安西都护府。

以上是阿艾石窟开凿的历史背景，据此我们推测，开凿阿艾石窟的李姓、申姓、寇姓汉人既有可能是长安人，也有可能是敦煌人，我认为

敦煌莫高窟第 220 窟东壁门上供养人题记

阿艾石窟壁画《千佛图》

其中一定有敦煌人，因为这才可以解释为什么阿艾石窟的壁画风格跟敦煌壁画如此接近。

在这一组题记里，特别值得注意的一个人物是寇善爱的夫人白二娘，这个白二娘可能有两种身份，一种是龟兹皇家女眷，因为白姓是龟兹的皇家姓氏；另一种是普通百姓，白姓除了是龟兹皇家姓氏外，普通百姓也有姓白的，就像唐朝皇家姓李，但并不是说姓李的都是皇家的人，姓李的也有普通百姓。就算白二娘是普通百姓，但白这个姓氏本身仍然是一个身份的象征，因为唐朝有赐姓一说，于阗国国王的李姓就是由唐王朝所赐，比如最著名的李圣天，那么白二娘的白姓会不会也是一个赐姓呢？

这一组带有随意性的、不正规的题记为什么书写在窟顶千佛的缝隙之间，我们不太清楚原因，虽然它们没有正规题记分量那么重，但它们是可信的原始题记，如果没有这些题记，我们对这个石窟的了解就会停留在表面的、肤浅的状态。

阿艾石窟——题记旁边为何不画供养人像

阿艾石窟另外一组供养人题记位于墙壁上一身一身佛、菩萨等尊像画的旁边,题记书写得比较规范,保存状况也比较好。

第一身坐佛说法像,旁边题记不存。

第二身药师佛立像,旁边题记为:"清信佛弟子行官□□□年五月十五日□拜"。"清信佛弟子"通常是供养人的自称。行官是唐朝官僚体系中的中下级官员,有传下达、巡视和告令的职能。带有行官的供养人题记排在阿艾石窟其他供养人题记的前面,说明这个窟的供养人身份不高,行官便已经算这个窟的高官了,那么其他供养人估计大多是商人或平民。

阿艾石窟壁画尊像图

阿艾石窟左侧壁文殊菩萨像

第三身坐姿文殊菩萨像，旁边题记为："文殊师利菩萨似先兰为合家大小敬造"。"似先"是一个复姓，就像欧阳一样，兰是他的名，似先兰为他一家人造了这尊文殊菩萨像。

第四身卢舍那佛立像，旁边题记为："清信佛弟子寇庭俊敬造卢舍那佛"；第五身药师佛立像，旁边题记为："清信佛弟子寇庭俊敬造药师琉璃光佛"。寇庭俊在这个窟里供养了两尊佛像，一尊为卢舍那佛，另一尊为药师佛，有意思的是，前面行官已经供养了一尊药师佛了，寇庭俊还要再来供养一尊药师佛，并且和行官供养的药师佛一模一样。

在敦煌以及内地石窟中，供养人题记一般都写在供养人画像旁边，有的还在题记中写上供养人的愿望，而在阿艾石窟中，供养人题记都只有文字而没有图像。为什么阿艾石窟不画供养人画像呢？是有意加重文字分量，还是不愿意把自己的画像留在墙上呢？为什么这个窟的题材和风格模仿了敦煌的做法，供养人画像却不遵循同样的套路？迄今为止，没有人弄清楚这些问题。

阿艾石窟的供养人没有一个完整的组织观念，尊卑长幼和排列顺序都比较混乱。在敦煌石窟中，供养人题记和画像前一般都会有一两个和尚或尼姑端着香炉在前面引路，但是阿艾石窟中既没有僧人引路，也没有供养人画像，仅在题记框中书写了供养人的名字和供养的尊像，这种情况为我们提供了一个阿艾石窟孤悬崖壁的线索，即它可能不是由正规寺院的和尚配合世俗供养人进行有序规划后修建的洞窟，而是一些世俗供养人凑在一起开凿的一次性洞窟，洞窟完成后就作鸟兽散，再不开新窟了。

阿艾石窟左侧壁卢舍那佛及供养人题记

敦煌莫高窟第 107 窟喜和母女供养像

另外，阿艾石窟被水淹过，水将泥沙冲下来积在地上，埋藏了一些泥塑佛像残块，考古学家将泥沙清理完以后，这些佛像残块得以重见天日。这些佛像残块为什么会出现在这里？阿艾石窟离地面那么高，是不是它曾经被当作一个秘密仓库？会不会只有破碎后的佛像才被放在这里？这些都是非常有意思并需要解答的谜团。

阿艾石窟——挖出的"拳头"到底是谁的？

前面我谈到，阿艾石窟在龟兹石窟艺术中占据着独特的地位，它所保存的大量汉文题记为我们解开这个石窟的谜团提供了非常好的条件。阿艾石窟的题记告诉我们，这个石窟的供养人以汉人为主，他们可能是随唐朝军队来到此地的长安人或敦煌人。除了汉人以外，这个窟里还出现了两个少数民族的供养人，一个是白二娘，白是龟兹国的国姓，所以白二娘可能是一个龟兹人，她嫁给了汉人寇善爱，算是汉人与龟兹人通婚的一个案例。另一个是裴心喉，裴是疏勒国的国姓，疏勒国在哪里呢？就在今天的喀什，这个地方是大乘佛教的大本营，龟兹国的鸠摩罗什母子就是在疏勒学习了大乘佛教后，将大乘佛教带到了龟兹。由此可见，阿艾石窟的大乘佛教壁画题材，既有可能是从东边的中原汉地和敦煌传来的，也有可能是从疏勒国传来的。

阿艾石窟以汉地唐风为主，但也融入了一些本地特色，这一点我们可以从它的建筑形制和彩塑上看到一些痕迹。

阿艾石窟的建筑形制为平面略带长方形的单体洞窟。唐代时期敦煌最流行的单体洞窟是覆斗顶窟，也叫殿堂窟，其平面为方形，顶部像一个倒着的斗往上收。阿艾石窟的窟顶没有采用唐代敦煌石窟的覆斗顶形制,而是凿成了一个半圆形的纵券顶。这类窟顶我们在克孜尔、库木吐喇和森木塞姆等石窟中可以见到,可见阿艾石窟使用了本地石窟的窟顶形制,不过其窟顶却不像本地石窟一样绘制本生、因缘等故事画,而是绘制了十方佛,把小乘信仰的故事画改成大乘信仰的十方诸佛,这是很有意思的一件事情。窟顶正中间的壁画塌掉了,我们不知道这个部位有没有像克孜尔石窟那样画一个天宫装饰带,其中绘日、月、飞行的和尚以及金翅鸟王等形象,鉴于这个窟吸收了本地石窟的券形顶特征,和克孜尔石窟比较像,我推测可能是有的。

阿艾石窟的塑像现已不存,目前所能见到的仅有一个较低的土台子,原来的塑像应该是塑在这个土台子上。由于这个洞窟开凿进悬崖内部,雨水从上方冲刷下来时把一些沙子冲到洞窟里去,并厚厚地累积到地面之上,雨水浸泡的时间长了,土台子上的泥塑可能都化成了一摊烂泥,所以我们无法辨认这个土台子上的雕塑究竟是什么。

考古学家从土台子的残迹中挖出一只拳头,相关考古书籍中记作"佛拳头",但是这怎么会是"佛拳头"呢?释迦牟尼说法的时候从来没有挥过拳头,虽然佛像中确实有一个手印叫智拳印,但智拳印的持法是虚握,手掌中间是空的,而不是像这个拳头一样实握,佛教故事画中也没有关于拳头的故事,所以我认为"佛拳头"可能是一个错误的定名,它不应该是佛的拳头,而应该是天王或者力士的拳头,可能这只天王或力士的拳头运气比较好,其他东西都被泡烂了,只有它没有被泡烂,我们还能见到。

敦煌莫高窟盛唐第45窟西龛像

    这只残存的拳头为我们还原土台子上的塑像提供了一点线索。在跟唐代安西都护府差不多同时期的敦煌石窟中,如第45窟、194窟,有比较完整的塑像组合,中间为坐佛像,佛像左右两边为弟子像,弟子像外侧各有一尊菩萨像,菩萨像外侧各有一尊天王像,天王像外侧各有一尊力士像,这是比较标准的一铺九尊塑像组合。

    对照敦煌唐代第45窟、194窟的塑像例子,我推测,阿艾石窟的土台子上原先可能塑了一组完整的一铺九身像,即中间为一尊佛像,两边分别为弟子像、菩萨像、天王像和力士像,因为如果塑像不多,土台子上就可能仅塑一佛二弟子或者一佛二菩萨,造不到天王或力士的层次。

阿艾石窟——"西方净土"里的乐舞队

阿艾石窟里最重要、最有价值的是墙上留下的壁画。该窟正壁描绘了一铺西方净土变，也叫观无量寿经变，其使用了比较标准的西方净土变构图，中央为西方净土极乐世界的场景，两侧有两条挂轴似的竖式条

阿艾石窟正壁《西方净土变》

阿艾石窟正壁《西方净土变》局部图 "观宝楼"

带,一边绘"未生怨",另一边则绘"十六观"。

"未生怨"和"十六观"是配合西方净土变而表现的故事性场面。"未生怨"讲的是阿阇世王把他的父母关起来,要把他的父母给饿死的故事,因为他们前世就结下了冤仇——阿阇世王前世是一位仙人,当他还未转世出生前,他的父母为了得到一个儿子,就去杀了这位仙人。还未出生就怨恨父母,就叫"未生怨"。阿阇世王的母亲韦提希夫人想不通为何会有这样的痛苦,于是去请教佛陀,佛陀告诉她应该去修"十六观",通过十六种观法的修行最终可以进入西方净土,以达到解脱。

阿艾石窟的西方净土变使用了比较标准的敦煌式画法,整体分为

阿艾石窟正壁《西方净土变》局部图"不鼓自鸣乐器"

阿艾石窟正壁《西方净土变》局部图"阿弥陀佛"

阿艾石窟正壁《西方净土变》局部图 "佛与菩萨飞来听法"

上、中、下三部分。

上部为不鼓自鸣的乐器和撒花的飞天。乐器不鼓自鸣是说在空中飘着的乐器没有人弹奏就能鸣响,这是西方净土世界里的仙乐;飞天撒花则营造了一个欢快的场景。

中部为天宫楼阁,楼阁表现的也是敦煌壁画里常见的汉地建筑样式,天宫楼阁前部中央为"西方三圣",中间大一点的佛像是阿弥陀佛,左右大一点的菩萨是观世音和大势至,周围围绕着大大小小的菩萨和天人听法。

下部为莲花池,池里有很多化生童子,如果壁画完整的话,应该有九个化生童子,合称"九品往生",即往生到西方净土去的九个等级:上品上生、上品中生、上品下生、中品上生、中品中生、中品下生、下品上生、下品中生、下品下生。往生之前需要先在一个莲花苞里等待时间,级别越低等待的时间则越长,但是不管怎么着,总能进入西方净土。莲花池前面靠中间的部位为乐舞图,表现了较大的音乐和舞蹈场面,其中音乐人使用的乐器,有从西方传来的,有本地的龟兹乐器,也有从中原传来的,算是一个混合的乐队。

阿艾石窟的《西方净土变》使用了非常标准的三段式结构:天空、楼阁圣众和乐舞。虽然它几乎是照着敦煌石窟里的《西方净土变》来画,但为了适应本地的状况,它还是在构图上做了一些小小的调整。由于这个窟的顶部是券形顶,而不是覆斗顶,它的上部就有一个半圆形的部位,这个部位不像敦煌石窟里的《西方净土变》一样做成方方正正的构图,而是让它自然延伸上去,如此一来天空部位看起来就显得更加宽广。这个小小的调整是对西方净土变的创新性补充。

阿艾石窟正壁《西方净土变》局部图
"天宫楼阁"

阿艾石窟——"西方净土"里的乐舞队　283

阿艾石窟正壁《西方净土变》局部图 "化生童子"

阿艾石窟正壁《西方净土变》局部图 "天宫伎乐"

阿艾石窟——比别处漂亮的"佛像"和"菩萨像"

阿艾石窟除了正壁的大幅《西方净土变》之外，它的左右两壁没有像敦煌石窟那样绘大型经变画，而是绘了高大的佛教尊像画，其中既有佛像也有菩萨像，而且都有具体名称。这些尊像画跟敦煌壁画里的尊像画很像，但是它们也做了一些调整，这是非常有意思和特别值得注意的事情。

左侧壁靠近门的位置为一尊坐佛说法像，画得很精美，不仅晕染层次丰富，而且造型饱满、用色漂亮，但遗憾的是它旁边的题记已经消失，完全没办法识别了。

坐佛说法像旁为一尊药师佛像，完整称呼应该是药师琉璃光佛像，这是非常有意思的一尊佛像。药师佛的主要功能是救死扶伤，而救死扶伤对于住在安西都护府的汉人来讲实在是太重要了，因为从中原或者敦煌打到这个地方，那是身经百战。期间既有可能会遇到本地人的起义，也有可能会遇到各种别的风险，药师佛对这些人的重要性再强调都不为过。

这尊药师佛的主供养人是一个行官，一个负责传达命令的中下级官

阿艾石窟——比别处漂亮的"佛像"和"菩萨像"　285

阿艾石窟左侧壁药师佛像之一

阿艾石窟左侧壁药师佛像手中"药钵"　　阿艾石窟左侧壁药师佛像之二

员,我们虽然不知道他的名字,但我们知道他是需要药师佛保佑的。药师佛一手持锡杖,一手托药钵。药钵在敦煌石窟以及其他石窟中一般都画得不大,而且通常是画成木质或陶质,可是行官供养的这尊药师佛却托了一个圆形的玻璃药钵,上面雕有好多花纹,这个太特别了。这么精美的玻璃器皿,龟兹国造不出来,中原内地也造不出来,它应该是亚述帝国(今叙利亚)所造。

寇庭俊在行官供养的药师佛后面又供养了一尊药师佛，这么多人都需要药师佛的救治和保护，可见药师佛在这个地方非常受欢迎。寇庭俊供养的药师佛也是托着一个玻璃药钵，钵里装的药我估计是"西药"，当然不是我们今天所谓的西药，应该是西医的药或者西方传来的药。特别有趣的是，发现阿艾石窟的维吾尔族人吐地阿孜来这个地方采药，他拿的装药瓶子也是个玻璃瓶。

左侧壁还有一幅很有名的佛像是卢舍那佛，类似佛像我们在敦煌、龟兹等其他石窟中也可以见到。这尊卢舍那佛的袈裟上装饰了很有名、很重要的佛教小宇宙——"三界六道"。

卢舍那佛躯干中央的须弥山顶上坐着一些天人，这是常见的表达天界的方式，有的卢舍那佛也会在须弥山前画一个阿修罗，但是这里是把阿修罗挪到旁边去了，非常有意思。前面我说到，阿艾石窟的供养人都只有文字题名而没有画像，可是这幅卢舍那佛的人界里却画了世俗人——军人。表现为两个举着长矛、身穿铠甲的人物形象，军人对面也是两个人，大胡子的男子旁边为一女子，他们很像一对夫妻。地狱界现在我们看不见了，因为这幅画的下方被水淹了以后，描绘地狱界的那部分壁画塌掉了。

位于卢舍那佛双臂上的"六道轮回图"也特别有意思，这些图在别的地方很难见到。左臂最上方的圆圈中画了一个坐着的人，表现的是人道；人道下方的圆圈中为阿修罗道，本来阿修罗应该是三头六臂的形象，可是这里却画了一个头，并且通体绿色；阿修罗道下方的圆圈中画了一头白象，代表的是畜生道。右小臂的圆圈中画了半匹马，仅能看到

阿艾石窟左侧壁卢舍那佛

阿艾石窟左侧壁卢舍那佛袈裟上的"阿修罗"

阿艾石窟左侧壁卢舍那佛袈裟上的"军人"   阿艾石窟左侧壁卢舍那佛袈裟上的"人物"

马的尾巴和屁股,这半匹马表现的是什么不清楚,是表现的饿鬼道吗?但一般饿鬼道是用瘦骨伶仃的人来表现的;半匹马上方的圆圈中画了一身菩萨,代表了天道;被右手挡住的右臂最上方还有一个圆圈,可能表现的是地狱道。

像阿艾石窟卢舍那佛这样的表达观念在别的地方也可以见到,但是像它这样的描绘方式已经见不到了,这是艺术家的创新还是供养人的特殊要求?至今我们不清楚。

总体来看,阿艾石窟虽然大量表现了从中原和敦煌传来的"唐风"体裁和艺术风格,但是它又做了些许创新,不仅吸收了本地一些有意思

阿艾石窟左侧壁卢舍那佛袈裟上的"地狱道"

阿艾石窟左侧壁卢舍那佛袈裟上的"人"

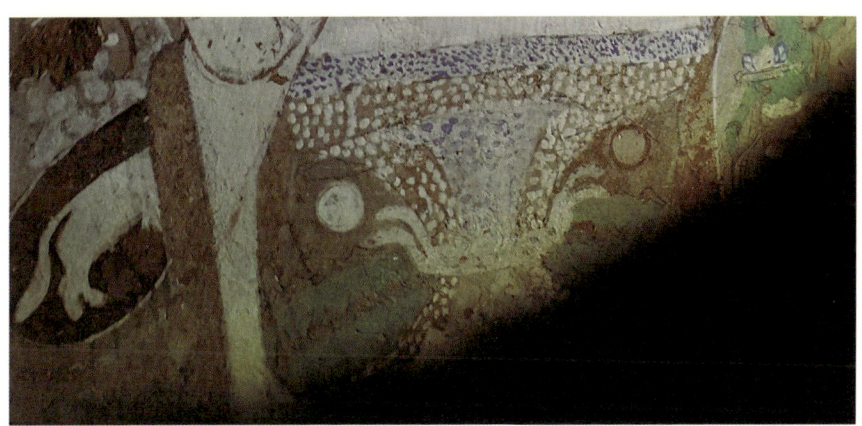

阿艾石窟左侧壁卢舍那佛袈裟上的"畜生道"

的题材和画法，而且还可能受到了疏勒的影响，因此我们不能把它简单看成一个"飞来的"唐窟，不能认为它是一下子就建在了悬崖上，而是应该把它当作一个有深度的、丰富多彩的、融合了各地风格的、意义重大的精美石窟。

焉耆古国——"运气不太好"的焉耆王国

焉耆国，知道的人不多，其实它也像龟兹国一样是西域36国之一，只是规模比龟兹国小得多。据汉朝的统计，焉耆国仅有4000户，32100人，军队大概有6000人，这样的规模在西域36国中虽然不算大国，但是相比才400多户的精绝国已经不算小了。

博斯腾湖美景

焉耆国的位置非常特别，其位于龟兹国以东，高昌国以西，两边距离差不多，相比龟兹国它更靠近汉地，但仍然位于西域腹地，属于靠近汉地的高昌国和西域核心地的龟兹国之间的连接点。

焉耆国的人口分为三种：有渔民，因为它挨着博斯腾湖，所以有很多渔民在博斯腾湖里打鱼，这些渔民占焉耆国人口相当大的一部分；还有牧民，就是牧羊人；也有种地的农民，博斯腾湖周围有些河道可以灌溉，形成了一个小绿洲。

焉耆国的国王姓龙，飞龙在天的龙，我有点好奇，是不是因为挨着博斯腾湖，湖里的水怪被想象为龙，所以国王姓了龙，也不是没有一点可能性，不过他的名字很长，是焉耆文的发音。

焉耆国的历史从汉代开始，在此之前的情况我们不太清楚。西汉时期，焉耆国被匈奴人控制着，匈奴人比较残暴，不定期地来抢钱、收税、掠夺人口，而焉耆国又比较穷，匈奴人抢过一轮后得等一阵子才能再抢，所以他们也不是天天都来把人家的东西给抢走。

前面我介绍过，东汉时期有一位穷学者叫班超，他想要到西域建功立业。班超到了焉耆国后，焉耆作为一个小国，最初对这位大汉来的特使很客气，也很周到。但是后来焉耆人突然对他冷淡了，也不来看他，供应也少了，他觉得不对劲，就问焉耆人原因，焉耆人说匈奴的使者到了，焉耆人害怕匈奴人。班超虽然是个文人，但却是个狠角色，他二话不说，带着他的卫队冲进去就把匈奴使者全部给杀了，这一下子把焉耆人给吓着了，他们立刻归顺了汉朝。班超后来带人打到了龟兹国，并建立了对西域的统治。

焉耆国往往扮演过渡的角色，班超走了以后，焉耆国又被周围的匈奴人、嚈哒人、莎车人给控制住了，由于它的国家实在太小，军队也不够强大，所以比较容易被周围的国家欺负。

唐朝时期，焉耆国恢复了元气，姓龙的国王把这个国家整顿清楚，相对独立了起来，可是他们运气不好，遇到了强大的唐王朝西征。之前我反复提到的一个将军侯君集，他带领唐朝的军队先攻灭了高昌国这个最靠近汉地的小国家，并在这里建了高昌郡，然后继续往西打到了焉耆国。焉耆国被姓龙的国王整顿后，各方面刚刚好起来，他们不愿意投降唐朝，所以就联合龟兹国的军队来抵抗侯君集的大军，龟兹国的军队还是比较强大的，有10万人以上，但是相比唐军，他们还是人少，而且其中主要是民兵，所以完全打不过唐军，最终落败。

唐朝最后在龟兹建了安西都护府，安西都护府下辖四镇，焉耆就是其中一个镇。焉耆由一个国家变成了一个镇，算是衰落了，不过它虽然在政治上衰落了，可是在经济、宗教和文化上并没有衰落，因为唐朝在征服了焉耆后带来了大量的人口，他们在这个地方屯田种地、围塘打鱼，发展焉耆的经济，在唐朝的统治下，焉耆反而变得更加富庶了。

焉耆古国——焉耆国人都爱佛教吗？

唐朝统治下的焉耆，我们通过考古发现能够看到一些有意思的现象。

第一个重要的考古发现是出土于1974年的44张《弥勒会见记》。《弥勒会见记》是根据佛教内容改编的焉耆语戏剧剧本，它不仅是当地文化繁荣的标志之一，而且是非常重要的戏剧史资料。

焉耆语《弥勒会见记》残页

戏剧是一种正式的、有脚本的表演艺术，一般百姓很少能够见到，如果一个国家的经济没有发达到一定程度，很难形成这种需要多人观看的"高端"文化。

值得强调的是，《弥勒会见记》既没有使用汉语，也没有使用梵语，而是使用本地的焉耆语。最初语言学家在研究焉耆语的时候，觉得它像吐火罗语，所以将它定名为吐火罗语A，然后把龟兹语定名吐火罗语B，但是后来还是直接把它叫作焉耆语，因为它也未必是吐火罗语。

第二个重要的考古发现是寺院。焉耆境内有两座较大的寺院，一座南大寺，一座北大寺，二寺相邻，位于都城附近。两座寺院规模宏大，可以住下成百上千人，现今我们还能看到讲堂、僧舍和其他功能性建筑的地基。

北大寺区域内有成组的6座佛塔遗址，6座佛塔的基座均为方形，

焉耆古佛寺遗址

基座上为圆柱形塔身，类似我们在疏勒（今喀什）见到的莫尔大塔，也类似印度境内的古塔，可见焉耆国的佛教文化既有疏勒国改造过的一些形象，也有印度传来的一些因素，但它总体上反映的还是西域特色。

第三个重要的考古发现是石窟寺。焉耆寺院遗址附近发现了一个石窟群，叫七格星石窟。"七格星"也称"七颗星""七个星"等，为什么会出现这么多名义？因为它是维吾尔语的发音，当地有个村子叫"锡克沁"，在转写成汉文的时候就写成"七个星"或"七格星"了。七格星石窟并不是7个石窟，目前所能见到的是10个，存有壁画的有两三个。

七格星石窟的窟顶形制均为券顶，跟克孜尔、库木吐喇等石窟的窟

七格星石窟壁画"卷草菩萨纹样"

顶形制比较像，所以它们仍然是西域式石窟。窟顶的壁画比较有特色，比如第4窟窟顶画蔓草纹，条条蔓草交叉，编织成一格一格的心形结构，每一格心形结构中都画了菩萨、天人和化生童子等形象。我认为这些形象属于大乘佛教的内容，为什么这么说呢？前面我在讨论克孜尔石窟的时候提到小乘佛教壁画的特点，其表现的大多是释迦牟尼佛、弥勒佛以及佛教故事等内容，而七格星石窟却画这么多菩萨、天人和化生童子，这些形象表现得很有可能是往生净土的内容。

焉耆古国——七格星石窟寺里的"杂糅"和"混生"

根据唐玄奘的记载,焉耆古国的佛教信仰以小乘佛教为主。七格星寺院的僧人主要修行小乘佛教,可是在七格星第4窟,我们见到了有大乘佛教倾向的内容,如何解释这种情况呢?我觉得可能是因为焉耆国相较龟兹国离汉地更近一些,所以这个地方出现了各种风格和题材杂糅的现象。

七格星石窟有一批重要的佛教文物被各国探险家分批挖走了。英国的斯坦因挖走了一批,德国的勒科克挖走了一批,俄罗斯的探险

七格星石窟第5窟壁画《萨埵太子本生图》

焉耆古佛寺出土彩塑婆罗门头像

队也挖走了一批，这些文物有壁画、彩塑、木板画和木头雕刻，都非常精美。

20世纪俄国人从七格星石窟剥走了一幅非常有名的壁画，这幅壁画现藏于俄罗斯圣彼得堡艾米塔什博物馆。壁画为方形构图，表现了萨埵太子本生故事。

故事讲的是，摩诃萨埵太子用他的身体去拯救一只濒临饿死的母虎和几只刚刚出生的小虎仔。萨埵太子本生故事不仅流行于克孜尔石窟，也流行于敦煌石窟，所以七格星石窟的这一故事题材并不是孤例，它接收、融合了东来西往艺术的影响。

有一幅很有名的壁画叫《比丘受教图》，描绘的是师父带徒弟的内容，师父左手拿纸板，右手持笔，正在授经，前面坐了一组四身比丘正在专心听师父讲经。值得注意的是，师父手中所持的笔笔锋非常尖，不像汉人用的毛笔，而像一支竹签子或一根削尖的木头，我们叫它硬笔，焉耆文就是用这种硬笔书写的。通过这幅壁画我们知道，在焉耆国，师父给徒弟传授佛经的方式除了口口相传还用文字来传。

有一幅壁画描绘了茅庐里的一个比丘，左手托本子，右手执笔，好像在记录什么，比丘前面没有师父，所以这幅壁画表现的不是师父给徒弟授经的场面，通过比丘的坐姿以及茅庐周围的环境推测，其可能表现的是一位比丘在坐禅时有了一些想法，然后把他的想法记录下来的场景。旁边一个茅庐里的比丘也在干同样的事情，他前面有一个小凳子，上面放了个本子，有什么想法了，就从凳子上把本子拿起来，然后用硬笔记下想法。禅定时有什么想法、心得和体会，就立马把它写下来，我觉得这是一种非常特别的修行方式。

在七格星遗址挖出来的艺术品中，除了壁画还有木板画。其中一幅木板画画的是弥勒菩萨兜率天宫说法图，弥勒菩萨的璎珞、眉眼等细节部位画得非常细致，其高鼻深目的面像特征不明显，看起来有点像汉人，但却画了两撇小胡子，又带点西域人的特点。我想这身弥勒菩萨应是混同了东西方的特征。

有一个东西我觉得特别值得介绍，是一尊彩塑佛像，保存得非常好。佛像结跏趺坐于须弥座上，须弥座上层类似一个用莲花瓣装饰成的小几，腰部中间画了两个圆圈，里面各有一只鹿，相对而卧，图案本身非常有特色，也极为精美。此外，还有一些卷发、高鼻深目、大胡子的婆罗门像，所以我在想，焉耆国除了佛教之外，是不是也有婆罗门教的存在？是不是有一些本地宗教加入到了佛教中？否则怎么会表现婆罗门这类外道形象呢？

我想给大家介绍的最后一件作品是一个木雕，这件木雕之所以非常有特色，是因为上面的佛像没有穿袈裟，而是上身赤裸，下身仅在腰上围了一块三角形的遮羞布。木雕分为三层。上层表现了一身佛像和一身

焉耆古佛寺出土壁画《比丘受教图》

焉耆古佛寺出土壁画《禅定比丘书写图》

焉耆古佛寺出土木板画《弥勒菩萨说法图》

焉耆古国——七格星石窟寺里的"杂糅"和"混生" 305

焉耆古佛寺出土壁画僧人供养像

焉耆古佛寺出土木雕"儒童本生"

菩萨；中层较大，表现的是儒童本生故事，我在讲克孜尔石窟的时候讲到过这个故事：释迦牟尼去一个村子里说法时，大家都买香花来供养他，其中一个叫儒童的小孩，买不到花来供养佛陀，但是他又想表达对佛陀的恭敬之心，所以他就把他的头发放到雨后的泥地上，让佛陀从他的头发上走过去，这样佛陀就可以保持脚的干净，因为这段因缘，儒童后来成了佛；下层右侧有两身供养人均头戴幞头帽，身穿唐装，这是汉人在焉耆参与佛教供养的重要证据，表明焉耆的佛教艺术可能是从内地或者从敦煌传过来的，所以我们就不难理解，在焉耆国境内，好多佛教艺术品有着比较重的唐风，有一些唐人比较喜欢的内容。尽管它们和本地的小乘佛教信仰倾向不相符，但却能和后者和谐共处。

焉耆古国——七格星石窟寺里的"杂糅"和"混生" 307

焉耆古佛寺出土壁画僧人供养像